Karl August von Pfalz-Zweibrücken

Herzoglich-Pfalzzweibrückisches Exerzierreglement

vom 18. Februar 1791 vor das herzogliche Leibgarderegiment

Karl August von Pfalz-Zweibrücken

Herzoglich-Pfalzzweibrückisches Exerzierreglement
vom 18. Februar 1791 vor das herzogliche Leibgarderegiment

ISBN/EAN: 9783743667006

Hergestellt in Europa, USA, Kanada, Australien, Japan

Cover: Foto ©Andreas Hilbeck / pixelio.de

Weitere Bücher finden Sie auf **www.hansebooks.com**

Herzoglich = Pfalzzweybrückisches

Exercier=Reglement.

vom 18ten Febr. 1791,

vor das

Herzogliche Leibgarde= Regiment.

Von Gottes Gnaden, Wir CARL der Zweite, Pfalzgraf bei Rhein, in Bayern, zu Jülch, Cleve und Berg Herzog, Fürst zu Mörs, Graf zu Veldenz, Sponheim, der Mark, Ravensberg und Rappoltstein, Herr zu Ravenstein und Hohenack 2c. 2c.

Urkunden und fügen hiemit zu wissen: Demnach bei dem Exercizen von Unserm Herzoglichen Leibgarderegiment bisher keine vollkommene Gleichheit erfolget ist, und Wir zu deren Erreichung die hier anverwahrte deutliche und umständliche Anweisung entwerfen lassen:

Daß Wir dahero gnädigst verordnen, setzen und wollen, daß nach diesem abzudruckenden Reglement sich von denen Staabs = und andern Officiers Unsers besagten Leibgarderegiments auf das genaueste geachtet = und die vollständigste Bewirkung um so angelegentlicher beeifert werden solle, als Wir diejenige, welche dieses in der That erfüllen werden, mit besonderm Wohlgefallen und Gnade, so wie im gegengesetzten Falle, die solches geflissentlich Verabsäumende mit geeigneter Strafe und Ungnade gebührend auszeichnen wollen.

Urkundlich Unserer höchsteigenhändigen Unterschrift und beigedruckten gröfern geheimen Cabinets = Insiegels. Gegeben in Unserer Herzoglichen Residenz auf dem Carlsberg den 18ten Febr. 1791.

(L.S.) CARL, Pfalzgraf.

Pfalz-Zweibrükkisches

Exercier = Reglement.

1791.

Erster Titul.

Articul I.

Von der Stellung und Formation des Regiments in Schlacht-Ordnung.

Das erste Bataillon stehet auf dem rechten Flügel und das zweite Bataillon auf dem linken Flügel.

Jedes Bataillon ist getheilt in zwei halbe Bataillons, welche der rechte und der linke Flügel genannt werden.

Jedes halbe Bataillon ist getheilt in zwei Divisionen, wovon das halbe Bataillon oder der rechte Flügel vom 1ten Bataillon in der ersten Grenadier Compagnie bestehet, welche die Grenadier oder die erste Division genannt wird, die erste Fusilier Compagnie dieses Bataillons formirt die zweite Division.

Der linke Flügel des 1ten Bataillons bestehet aus der 2ten und 3ten Fusiliers Compagnien, welche die 3te und 4te genannt werden.

A

Der rechte Flügel des 2ten Bataillons bestehet aus der erſten und zweiten Fuſillier Compagnie, welche die erſte und zweite Diviſion genannt werden.

Der linke Flügel dieſes Bataillons beſtehet aus der dritten Fuſilier Compagnie und aus der zweiten Grenadier Compagnie, welche die 3te und 4te Diviſion genannt werden.

Jede Diviſion wird in zwei Pelotons getheilt, und iedes Peloton in zwei Sections.

In denen beiden Bataillons werden die Pelotons genannt werden von dem rechten nach dem linken Flügel zu; 1tes 2tes 3tes 4tes 5tes 6tes 7tes 8tes Peloton.

Die Sections in iedem Peloton werden genannt werden, die rechts ſtehet, die 1te Section und die links ſtehet die 2te Section.

Alle Compagnien oder Diviſions ohne Ausnahm ſollen rangirt werden nach der Gröſſe der Soldaten, von dem rechten nach dem linken Flügel, ſolchergeſtalt, daß die gröſten Leute ſich in dem erſten Glied befinden, die folgende in dem dritten Glied und die Kleinſte in dem zweiten Glied, die Gefreiter, welche nicht zum Schlieſſen oder ſonſten emploirt ſind, werden nach ihrer Gröſſe in die Glieder eingetheilt.

Alle Frühiahr, wann die Beurlaubten eingerückt ſind, werden die Compagnien gemeſſen werden, die Leute werden baarfuß gemessen, und 1½ Linien vor die Abfäze zugegeben, als welche Höhe solche haben sollen; nach dieser Messung werden die Rangir = Listen formirt werden.

Der Abstand in denen Gliedern wird von einem Schuh seyn, genommen von der Brust des Mannes im 2ten und 3ten Glied auf den Rükken seines Vordermanns.

Pläze derer Officiers und Unterofficiers in denen Bataillons.

Der Hauptmann im ersten Glied auf dem rechten Flügel des 1ten Pelotons; der 1te Lieutenant auf dem rechten Flügel im ersten Glied des zweiten Pelotons ieder Division oder Compagnie.

Der Unterlieutenant schließt hinter dem linken Flügel der 2ten Section des 1ten Pelotons und commandirt solche. Der Feldwebel schließt hinter dem linken Flügel der 2ten Section des zweiten Pelotons und commandirt diese Section.

Der Führer hinter dem linken Flügel der 1ten Section, 1 Sergeant hinter dem linken Flügel der 1ten Section des 2ten Pelotons, ein Corporal hinter der Mitte der zweiten Section des 1ten Pelotons und ein Corporal hinter der Mitte der zweiten Section des 2ten Pelotons, ein Gefreiter hinter dem Hauptmann im 3ten Glied, ein Gefreiter hinter dem 1ten Lieutenant im 3ten Glied, ein Gefreiter hinter dem rechten Flügel der zweiten Section des 1ten Pelotons, ein Gefreiter hinter dem rechten Flügel der zweiten Section des 2ten Pelotons.

In der 4ten Division des ersten Bataillons steht der Feldwebel auf dem linken Flügel des Bataillons im ersten Glied.

In der zweiten Grenadier Compagnie stehet ebenfalls der Feldwebel auf dem linken Flügel des Bataillons.

In denen Grenadier Compagnien stehet der dritte Corporal an dem Platz des Gefreiters, welcher hinter dem rechten Flügel der zweiten Section des ersten Pelotons stehet.

Die schliessende Officiers und Unterofficiers stehen zwei Schritte ab, hinter dem dritten Glied.

Der Adjutant und beim zweiten Bataillon der Offizier, wo seine Stelle vertritt, stehet fünf Schritte hinter der Mitte der Schliessenden seines Bataillons auf die Fahnen-Rotte gerichtet.

Die Tambours stehen auf zwei Gliedern rechter und linker Hand des Bataillons Zwischenraumes 15 Schritte rükwärts der Schliessenden.

Die Hoboisten stehen auf zwei Gliedern rechts an denen Tambours vom 1ten Bataillon.

Der Regiments Tambour stehet in der Mitte des Bataillons Zwischenraums auf der Richtung der Schliessenden.

Die fehlenden Officiers und Unterofficiers werden durch die vom folgenden Grad, ersezt werden.

Das Fahnen=Peloton

bestehet in dem Fähndrich oder dessen Stellvertreter, drei Corporals, und 5 Fahnen Cadets oder Gefreiter, man wird in denen Compagnien Corporals und Gefreiter aussuchen, welche so viel möglich die von iedem Glied die nemliche Grösse haben, und wo am besten in der Stellung, und in dem Maas und Cadence des Schritts dressirt sind.

Das erste Glied des Fahnen = Pelotons wird also rangirt; der Fähndrich in der Mitte, ein Corporal auf seiner rechten und einer auf seiner linken Seite; im zweiten Glied ein Corporal in der Mitte, ein Gefreiter auf seiner rechten und einer auf seiner linken Hand, im dritten Glied drei Gefreiter. Die Corporals werden das Kurz-Gewehr auf der Schulter tragen, und die Gefreiter hoch im rechten Arm, so auch alle die, wo zum Schliessen und auf den Flügel der Pelotons eingetheilt sind.

Das Fahnen=Peloton in iedem Bataillon stehet auf dem linken Flügel der zweyten Section des 4ten Pelotons und wird einen Theil dieser Section ausmachen.

Pläze derer Staabs-Officiers.

Die Staabs-Officiers werden zu Pferde seyn und gestellet wie folget:

Der Obrist zwanzig Schritt rükwärts der Schliessenden hinter der Mitte des Regiments.

Der erste Maior zehen Schritte rükwärts der Schliessenden hinter der Mitte des ersten Bataillons auf die Fahnen-Rotte gerichtet.

Der zweite Maior in der nehmlichen Stellung hinter dem zweiten Bataillon.

Der Obrist sowol als wie die zwei Maiors werden sich, ersterer in der ganzen Fronte des Regiments, und beide leztere in der ganzen Fronte ihrer Bataillons hinbegeben, wo ihre Gegenwart zu Vollziehung der Evolutions und Manoeuvres wird nöthig seyn.

In iedem Bataillon stehet ein Hauptmann vier Schritte vor der Fahnen-Rotte; da die Direction und Richtung in dem Marsch sehr viel von diesem Offizier abhangt, so wird der Fähigste hierzu ernannt werden.

Der Zwischenraum von einem Bataillon zum andern ist gewöhnlich achtzehen Schritte.

Articul II.

Von der Stellung des Regiments in Parade.

Auſſer der Stellung in Schlacht = Ordnung, welche diejenige iſt, in welcher das Regiment immer wird geſtellet werden, wenn es zum exerciren und manoeuvriren ausrükken wird, wird es noch in Parade aufgeſtellt werden, in denen Gelegenheiten, wo es vor Ihro Herzoglichen Durchlauchten oder andern Hohen Fürſtlichen Perſonen oder andern, denen Honneurs ſollen erzeigt werden, erſcheinen ſoll.

Die Stellung in Parade iſt folgende:

Wenn das Regiment, wie gewöhnlich in Schlacht = Ordnung geſtellet iſt, ſo wird der Regiments = Commandant die Glieder öfnen laſſen, nach der Art, wie ſolches in dem Titul von dem Unterricht des Bataillons wird angezeigt werden.

Wenn die Glieder geöfnet und gerichtet ſind, commandirt der Regiments Commandant, welches Commando von denen die Bataillons commandirenden Staabs = Officiers wird repetirt werden.

Herren Ober = Officiers vor die Front!

Marſch!

Auf das Commando : Marsch! treten alle Officiers im geschwinden Schritt aus dem Glied und stellen sich folgendermaßen auf vier Schritt Abstand vor das erste Glied und richten sich rechter Hand , die Bataillons = Commandanten schauen nach , daß sie sich exact richten und beßern die Richtung aus.

Die Officiers werden folgendermaßen stehen :

Der Hauptmann vor der Mitte des ersten Pelotons seiner Compagnie , der erste Lieutenant grade vorwärts seinem Plaz , wo er im Glied stehet , der zweite Lieutenant vor der Mitte des zweiten Pelotons , der Fähndrich tritt grade vor auf die vorgeschriebene Distanz. Der vor der Mitte des Bataillons stehende Hauptmann rükt 4 Schritte rechts der Fahne , der Adiutant stellt sich 4 Schritte links der Fahne.

Die Gefreiten , wo im dritten Glied hinter den Hauptleuten und ersten Lieutenants stehen , nehmen ihre Pläze im ersten Glied ein , der Corporal , wo hinter dem Fahnen im zweiten Glied stehet, nimmt deßen Plaz im ersten Glied ein.

Auf das Commando : Herren Ober- Officiers vor die Front! Marsch! marschiren die Tambours und Hoboisten vom 1ten Bataillon im geschwinden Schritt hinter der Front weg , und stellen sich auf 4 Schritte Abstand rechts der ersten Grenadier = Compagnie

auf das erste Glied gerichtet, der Regiments-
Tambour 4 Schritt vor ihnen.

Die Tambours vom 2ten Bataillon marschiren auf eben die Art auf 4 Schritt Abstand
rechts der ersten Division des zweiten Bataillons
auf das erste Glied gerichtet.

Pläze derer Staabs-Officiers.

Der Obrist zu Pferd 10 Schritte vor dem
Fahnen des 1ten Bataillons, der Bataillons-
Commandant ebenfalls zu Pferd neben ihm lin-
ker Hand auf die nemliche Richtung.

Der das zweite Bataillon commandirende
Staabs-Officier ebenfalls 10 Schritte vor die
Fahne dieses Bataillons auf den Obrist ge-
richtet.

Wann die Hohe Personen, vor denen para-
dirt ist worden, das Regiment besehen haben,
so begibt sich der Obrist vor die Mitte des Regiments und die Bataillons-Commandanten vor
die Mitte ihrer Bataillons, der Obrist, nachdem er hat schultern lassen, wenn ist präsentirt
worden, commandirt, welches von denen Bataillons-Commandanten wird repetirt werden:

Schließt Euch, Marsch!

Auf dieses Commando werden die Glieder geschlossen, hernach commandirt er:

Herren Ober-Officiers auf ihre Posten!

worauf sich ieder nach seinem in der Schlacht-
Ordnung angewiesenen Posten begibt.

> N. B. Wenn Zimmerleute bei dem Regi-
> mente sind, so stehen solche in der Stel-
> lung in Schlachtordnung und in Parade
> rechter Hand der Spielleute des ersten
> Bataillons.

Zweiter Titul.

Articul I.

Stükke, in welchen die Officiers und Unterofficiers unterrichtet wer-den sollen.

1.) Dem Obristen und Commandanten des
Regiments ist der Hauptunterricht des ganzen
Regiments übertragen; er wird die nöthige Befehle hiezu an die Staabs-Officiers ertheilen,
welche ieder das Bataillon, so ihm zu commandiren anvertraut ist, in allen Stükken unterrichten wird.

2.) Alle Officiers und Unterofficiers müſſen alles, was die Stellung, die verſchiedene
Griffe und Chargirung und Feuer betrift, wie
auch die verſchiedene Schritte, Evolutionen und
Manoeuvres nicht allein ſelbſten vollkommen zu
verrichten im Stand ſeyn, ſondern auch die nöthige Fertigkeit beſizen, in allen dieſen Stükken
ihre untergebene Mannſchaft mit der gröſſeſten
Fertigkeit zu commandiren und zu unterrichten,
und ihnen alle diejenige Vortheile auf eine bün-
dige und nachdrükliche Art anzuzeigen im Stande ſeyn, welche ein wol dreſſirter Soldat zu wiſ-
ſen nöthig hat.

3.) Kein Subiect, das zu einer Officiers-
Stelle ernannt iſt, ſoll in dieſem Grad vorgeſtellet werden, bevor er nicht den Dienſt als Ge-
meiner, als Corporal und Unterofficier eine ge-
wiſſe Zeit unter der Aufſicht eines Unterofficiers
verrichtet hat, und ferner auch wenigſtens einen
Recrouten ſelbſten dreſſiret hat, wenn er alle
dieſe verſchiedene Dienſte mit Fertigkeit zu verrichten im Stande iſt, durch ſeinen Hauptmann
es dem Maior melden laſſen, welcher ſelbſten
ihn wird über die verſchiedene Stükke examiniren
wie auch die von ihm dreſſirte Recrouten ſich
wird vorzeigen laſſen; wenn er ihn alsdann wird
hinlänglich unterrichtet finden, ſo wird er dem
Obriſten den Rapport davon abſtatten, welcher
ihm befehlen wird, ob dieſer Officier ſoll in ſeinem Grad vorgeſtellet werden, oder ob ſeine Unterrichtung noch ſoll veſtgeſezt werden.

Articul II.

Griffe der Officiers und Unterofficiers.

So oft die Officiers den Degen in der Hand haben, müssen sie ganz stille stehen, und die nemliche Stellung in allen Stükken und mit der nemlichen Accuratesse nehmen, wie solche vor den Soldaten wird vorgeschrieben werden.

Die Officiers sollen den Degen in der rechten Schulter tragen, so daß die Klinge an der Schulter anliege und das Gefäß mit der Faust an der Hüfte angedrukt werde, so daß der Ellenbogen nicht vom Leib, sondern rükwärts stehe. Sie müssen Acht geben, daß die Klinge dicht an den Huth komme und die Spizze grad in die Höhe komme, nicht hinten herunter oder seitwärts über die Schulter hänge.

Mit dem Degen stehenden Fusses zu salutiren.

4 Tempo.

1tes Tempo.

Wenn die Person, vor der man salutiren soll, noch auf 4 Schritte entfernet ist, so hebt man den Degen senkrecht in die Höhe, die Spizze oben, die Klinge vor sich, das Gefäß gegen die Schulter, einen Fuß davon ab, den Ellenbogen einen halben Fuß niedriger als die Faust.

2tes Tempo.

Man senkt die Klinge mit der Spizze gegen den linken Fuß, so daß die Hand gegen die Mitte des Schenkels kommt; In dieser Stellung bleibt der Officier, bis die Person die salutirt worden, vier Schritte entfernet ist.

3tes Tempo.

Man hebt die Degenspizze wieder in die Höhe, und hält den Degen wie im ersten Tempo.

4tes Tempo.

Man sezt den Degen an die Schulter, wie im Eingang dieses Artikuls ist vorgeschrieben worden.

Mit dem Degen im Marschiren zu salutiren.

4. Tempo.

1es Tempo.

Wenn man von der Person, vor der man salutiren soll, gegen 4 Schritte entfernet ist, so hebt man mit Vorsezzung des rechten Fusses den Degen senkrecht in die Höhe, wie im Stehen in dem ersten Tempo.

2tes Tempo.

Mit Vorsezzung des linken Fusses wird der Degen gesenkt, wie in dem zweiten Tempo im

Stehen vorgeschrieben worden ist, nur wird hierbei erinnert, daß der Officier, wie der Degen gesenkt wird, zugleich mit dem obern Leib ohngezwungen, wenn die Person rechter Hand stehet, sich etwas rechts, und wenn sie linker Hand stehet, etwas links drehen muß, ohne den Tritt zu verändern.

3tes Tempo.

Wenn man 4 Schritte vor der Person, die man salutirt hat, vorbei ist, so hebt man den Degen mit Vorsezzung des rechten Fußes wieder in die Höhe, wie im ersten Tempo.

4tes Tempo.

Mit Vorsezzung des linken Fußes wird der Degen wieder an die Schulter gesezt, wie Anfangs gesagt worden.

Wie man sich vor Generals und andern Personen, welchen die größte Ehrenbezeugung nicht erzeigt wird, mit dem Degen sowol im Stehen als Marschiren verhalten soll.

Ob vor denselben zwar nicht zu salutiren ist, so hebt man doch den Degen auf 4 Schritte vor ihnen in die Höhe, wie im ersten Tempo, nur wird im zweiten Tempo die Spizze nicht tief herunter, sondern nur bis in die Helfte gesenkt, also daß die Klinge horizontal vor der

Leib und die Spizze vorwärts linker Hand ungezwungen zu liegen komme.

In dem Marschiren ist das nemliche in Acht zu nehmen, und muß man dabei auf Vorsezzung der Füsse Acht geben.

Wie vor dem Hochwürdigen salutirt werden wird.

Wenn das Hochwürdige auf zwanzig Schritt von denen Officiers entfernt ist, so salutiren sie mit dem Degen, fallen demnächst auf die Knie und wenden den Degen in einem Tempo, daß die Spizze davon auf die Erde zu stehen und die rechte Hand dem Knie gleich komme und ziehen den Huth ab.

Der Fähndrich salutirt mit dem Fahnen zu gleicher Zeit mit dem commandirenden Officier der bei ihnen stehet, nehmen alsdann mit geschwinden Griffen den Fahnen beim Fuß, geben Acht auf den commandirenden Officier und fallen zugleich mit ihme auf die Knie, so daß die rechte Hand herunter sinke und der Schulter gleich zu stehen komme, der Fahne aber gerade in der Höhe stehen bleibe, sie nehmen den Huth, wie die Officiers ab.

Die Staabs-Officiers, so zu Pferd sind, steigen ab, wenn sie das Hochwürdige ankommen sehen, salutiren mit dem Degen, fallen auf die Knie und ziehen den Huth ab, wie die andere Officiers.

Nachdeme das Hochwürdige auf gehörige
Weite entfernt ist, wird commandirt: Hüthe
auf! nach diesem stehen die Officiers auf, sezzen
den Degen wieder an die Schulter, die Fähndrichs sezzen gleichfalls, wenn sie aufgestanden
sind, den Fahnen auf die Kuppel.

Handgriffe derer Unter-Officiers mit
dem Kurzgewehr.

Die Unterofficiers müssen das Kurzgewehr
so tief herunter tragen, als der Soldat sein Gewehr auf der Schulter hat, dabei muß das
Kurzgewehr oben nicht zu nahe an den Kopf
und unten nicht zu weit vom Leib getragen
werden, das Eisen muß allezeit flach liegen,
und die rechte Hand muß ohnbeweglich am Leib
herunter hängen.

Das Kurzgewehr auf — Schulter!

1 Tempo.   2 Bewegungen.

1te Bewegung.

Man wirft mit der rechten Hand das Kurz-
Gewehr in die Höhe gegen die linke Schulter,
die linke Hand faßt solches zugleich unten am
Schuh, die rechte Hand bleibt gegen der Schulter am Kurzgewehr liegen.

2te Bewegung.

Die rechte Hand fällt lebhaft dicht am Leib
vorbei an die rechte Seite.

Kurz-

Kurzgewehr beim — Fuß!

1 Tempo. 2 Bewegungen.

1te Bewegung.

Die rechte Hand ergreift lebhaft das Kurzgewehr der linken Schulter gleich, bringt es
dicht am Leib vorbei, daß die rechte Hand gegen die rechte Hüfte zu stehen kommt.

2te Bewegung.

Die rechte Hand läßt es durch die Finger
rutschen, daß der Fuß gegen die rechte Schuhspizze zu stehen kommt.

Das Kurzgewehr auf — Schulter!

Wie oben.

Verdekt das Kurzgewehr!

1 Tempo. 2 Bewegungen.

1te Bewegung.

Die rechte Hand ergreift das Kurzgewehr
gegen der linken Schulter, bringt es ein wenig
unterwärts, die linke ergreift es über der rechten, so daß der Ellenbogen gegen die rechte Faust
zu liegen kommt, und hält das Kurzgewehr
senkrecht auf der Schulter.

2te Bewegung.

Die rechte Hand gibt dem Kurzgewehr einen scharfen Stoß, so daß dasselbe unter den

B

linken Arm mit dem Schuh hinten in die Höhe, die Spizze gegen die Erde zu liegen kommt, die rechte Hand fällt zugleich an die Seite.

Kurzgewehr auf — Schulter!

Wie oben.

Verkehrt schultert das Kurzgewehr!

1 Tempo.   2 Bewegungen.

1te Bewegung.

Man ergreift das Kurzgewehr mit der verkehrten rechten Hand über der linken Schulter, man drehet es mit dieser Hand herum, indeme man den Körper etwas rechts drehet, ergreift es mit der linken an der Parier-Stange, und bringt es gegen die linke Schulter.

2te Bewegung.

Die rechte Hand fällt längs der rechten Seite her.

Kurzgewehr auf — Schulter!

1 Tempo.   2 Bewegungen.

1te Bewegung.

Die rechte Hand ergreift es wie oben über der linken Schulter, und drehet es herum, indeme man den Körper rechts wendet, ergreift es mit der linken Hand am Schuh, die rechte bleibt gegen der Schulter liegen, indeme sie das Kurzgewehr darwider legt.

2te Bewegung.

Die rechte Hand fährt längs der Seite herunter.

Handgriffe mit der Fahne.

Mit der Fahne sowol stehendes Fusses als im Marschiren zu salutiren.

6 Tempo.

1tes Tempo.

Man macht rechts um, und bringt die Fahne senkrecht vor sich, die linke Hand patt sie einen halben Fuß über der rechten an.

2tes Tempo.

Die rechte Hand ergreift den Fahnen-Schuh.

3tes Tempo.

Die Lanze wird bis auf sechs Zoll von der Erde gesenkt, indeme die linke Hand zwei Schuh von der rechten vorrutschet, die rechte Hand in der Höhe der Schulter, die Arme ausge-strekt.

4tes Tempo.

Die Fahne wird senkrecht vor den Leib aufgehoben, die linke Hand rutscht bis auf ei-nen Schuh von der rechten Hand zurük.

5tes Tempo.

Die rechte Hand paßt die Fahne einen halben Schuh über der linken an.

6tes Tempo.

Man macht Front, indeme man den Fahnen-Schuh an die Hüfte sezt, die linke Hand fällt weg.

Im Marschieren zu salutiren.

Wird auf die nemliche Art gemacht, so daß das erste Tempo bei dem ersten Schritt mit dem linken Fuß, das zweite bei dem 2ten Schritt, den der rechte Fuß macht, verrichtet wird u. s. w.

Fahne beim Fuß

1 Tempo.   2 Bewegungen.

1te Bewegung.

Man greift mit der linken Hand die Fahne unter der rechten an, bringt sie senkrecht auf die rechte Seite, so daß die rechte Hand gegen die Hüfte zu stehen kommt, die linke fällt an der linken Seite hin.

2te Bewegung.

Man läßt die Fahne durch die rechte Hand rutschen, daß der Fuß neben die rechte Schuhspizze zu stehen kommt.

Sezt die Fahne über die Kuppel!

1 Tempo. 2 Bewegungen.

1te Bewegung.

Die rechte Hand gibt der Fahne einen Rukker, daß der Schuh gegen die Kuppel zu stehen kommt, die linke fährt bei unter der rechten und sezt den Schuh auf die Kuppel auf.

2te Bewegung.

Die linke Hand fällt flach auf die Seite.

Die Fahne hoch in rechten Arm!

1 Tempo. 3 Bewegungen.

1te Bewegung.

Die linke Hand fährt über die rechte an die Fahne, indeme diese den Fahnen etwas gegen den Leib ziehet.

2te Bewegung.

Die linke Hand bringt die Fahne senkrecht gegen die rechte Schulter, die rechte Hand fährt herunter und ergreift die Fahne bei dem Schuh.

3te Bewegung.

Die linke Hand fällt an die linke Seite.

Sezt die Fahne über die Kuppel!

1 Tempo.   3 Bewegungen.

1te Bewegung.

Die linke Hand ergreift die Fahne gegen der rechten Schulter.

2te Bewegung.

Die linke Hand bringt den Fahnen vor= wärts, die rechte ergreift sogleich, unter dieser den Fahnen, die linke fahrt herunter an den Schuh und sezt die Fahne auf die Kuppel auf.

3te Bewegung.

Die linke Hand fährt auf die Seite.

Anmerkung.

Die Fähndrichs behalten , obgleich salu= tirt worden, den Hut auf, ausgenommen vor dem Hochwürdigen.

Dritter Titul.

Unterricht der Recrouten.

Die erste Grundsäzze der Stellung und des Marsches werden beständig einzeln denen Recrouten beigebracht werden, oder höchstens zwei oder drei Mann zusammen, nachdeme man viele oder wenige Recrouten hat und es an der Anzahl der nöthigen Instructeurs fehlet.

Die Commando's werden in zwei Classen eingetheilt. Die Commando's zum Avertissement werden vernehmlich, und deutlich ausgesprochen werden, und wird die lezte Silbe etwas gezogen, die Commando's zur Vollziehung werden kurz und lebhaft ausgesprochen werden, die Commando's zur Vollziehung werden, wenn sie von mehr wie einem Wort sind, getheilt werden, und wird der lezte Theil besonders kurz und lebhaft ausgesprochen.

Die Instructeurs werden immer alles, was sie die Recrouten lernen, selbsten vormachen, und werden sie gewöhnen, ohne daß sie sie zu be= rühren brauchen, selbsten die Stellung zu neh= men, wo ihnen ist vorgezeigt worden. Sie werden allezeit, was sie zeigen werden, mit wenig Worten, aber deutlich expliciren.

ıte Lection.

Die Stellung des Soldaten.

Beide Absäzze an einander und auf einer Linie, die Schuhspizzen etwas weniger auswärts als wie der rechte Winkel, die Knie angezogen, ohne sie steif zu machen, den Leib senkrecht auf die Hüften und etwas wenig vorwärts gelegt, die Schultern zurük und in gleicher Höhe, die Ellenbogen an den Leib, die Hände etwas auswärts gedrehet, so daß der kleine Finger rükwärts der Hosen-Nath zu stehen kommt, den Hals zurük, den Kopf etwas rechts gedrehet, so daß das linke Aug in der Richtung der Camisol-Knöpfe zu stehen kommt, die Augen auf und den Gegenstand anschauend, wo angezeigt wird. Man muß den Recrouten gleich anfänglich gewöhnen, auf das Commando: T'Achtung! ohnbeweglich zu stehen und nicht eher sich zu rühren, bis ihm das Commando: Ruht! die Erlaubniß darzu gibt.

Wenn der Soldat die angezeigte Stellung annehmen soll, so wird commandirt:

Peloton oder Division!

welches zum Avertissement dienet.

T'Achtung!

Auf dieses Commando nimmt der Soldat die angezeigte Stellung und bleibt unbeweglich stehen, bis commandirt wird:

Ruht!

2te Lection.

Köpfe — links! Köpfe — rechts!

Auf das Commando: Köpfe — links! wird der Kopf langsam links gedreht, so daß das rechte Aug in der Richtung der Camisol-Knöpfe zu stehen kommt.

Auf Köpfe — rechts!

wird der Kopf wieder in die erste Stellung gebracht.

3te Lection.

Rechts um! Links um! Rechts umkehrt!

Peloton!

Rechts — um! ein Tempo.

Auf dem linken Absaz gewendt, die linke Schuhspizze etwas in die Höhe gehoben, den rechten Absaz neben den linken gesezt und auf die nemliche Linie.

Peloton!

Links — um! ein Tempo.

Auf dem linken Absaz gewendt, die linke Schuhspizze in die Höhe gehoben, den rechten Absaz neben den linken gesezt und auf die nemliche Linie.

Peloton!

Rechts um — kehrt. '2 Tempo's.

1tes Tempo.

Auf das Wort rechts um! halb rechts
um gemacht, den rechten Fuß zurükgesezt, die
rechte Schuhschnalle gegen den linken Absaz, zu
gleicher Zeit das Ek von der Patron-Tasche
mit der rechten Hand angefaßt.

2tes Tempo.

Auf das Wort: Kehrt! auf den beiden
Absäzzen gewendt, die Knie steif, die Schuspizzen
ein wenig in die Höhe gehoben, den rechten Absaz neben den linken gebracht, die rechte Hand
verläßt die Patron-Tasche.

Bei dem Rechtsumkehrt ist in Obacht zu
nehmen, daß der Leib in seiner Stellung bleibt
und der Oberleib wol vor bleibt.

4te Lection.

Der Schulschritt.

Dieser Schritt muß zwei französische Schuhe
lang seyn, von einem Absaz zum andern genommen, und bleibt dessen Dauer noch unbestimmt;
der Instructeur wird anfänglich bei iedem Schritt
aushalten lassen.

Peloton! Vorwärts! Marsch!

Auf das Commando: Marsch! bringt
man das linke Bein ausgestrekt und schnell vor,
die Schuhspizze etwas unterwärts gestrekt, ohne
zu schlankern, zugleich schiebt man den Körper

vor , ohne die Schultern zu verdrehen , wobei das Bein nachgi... um den linken Fuß mit etwas gebogenem Knie zween Schuh vor den rechten auf die Erde zu sezzen , so wie der Körper nach und nach auf das linke Bein zu ruhen kommt , so nun auf der Erde stehet , so streckt sich dessen Knie auch nach und nach. Man fährt fort den Körper vorwärts zu schieben , ohne die Schultern zu verdrehen , und dehnt nach und nach das rechte Bein aus , und bringt es , ohne es ganz auszustrekken , in einer gleichdauernden und ununterbrochenen Bewegung vor , um den rechten Fuß ebenfalls mit gebogenem Knie , zwei Schuh vor den linken auf die Erde zu sezzen. Das Knie wird wieder gestrekt , wenn die Last des Körpers völlig auf diesen Fuß zu ruhen kommt ; man fährt fort den Körper vorwärts zu schieben , um den dritten Schritt anzufangen , bei allen folgenden Schritten verhält man sich so , wie es bei Vorbringung des rechten Beines ist vorgeschrieben worden.

Peloton! Halt!

Auf das Commando : Halt! wird der angefangene Schritt geendigt , indeme man schnell und ohne hart beizutreten , den Fuß neben denienigen niedersezt , der schon auf der Erde ist ; zugleich wird der Kopf rechts gedrehet , im Fall er während dem Marsch links gewesen wäre , indeme der Soldat iederzeit diese Stellung haben soll , wofern man es ihm nicht anderst commandirt hat.

Nachdeme man dem Recrouten die vorgeschriebene Stellung beigebracht, und er auch eine
gewisse Fertigkeit in dem Schulschritt erlangt
hat, so gehet man zum ordinairen Schritt über.

Der ordinaire Schritt soll auch zwei Schuh
lang seyn, und derer achtzig in der Minute gemacht werden.

Wenn der Recrout bis zum ordinairen
Schritt gekommen, so können derer drei zusammen genommen werden; man wird selbige auf
einen Schritt in der 1ten Lection angezeigten
Position von einander stellen, daß sie sich gewöhnen, in dem Marsch das Equilibre zu halten,
ohne sich an ihren Nebenmann anzulehnen.

Man commandirt:

Peloton! Vorwärts! Marsch!

Auf das Commando: Vorwärts! muß
der Leib auf dem rechten Fuß allein ruhen.

Auf das Commando: Marsch! wird
der linke Fuß lebhaft vorgebracht, den Schenkel
etwas auswärts, die Schuhspizze unterwärts,
den Fuß hingesezt, wo er hinzeigt, wol Achtung
gegeben, daß immer der Leib der Bewegung des
Fußes folget, immer die nemliche Position beibehalten werde, und die Schultern immer in gera-
der Linie bleiben.

Auf dem Terrein, wo die Recrouten dressirt und die Compagnien en detail exercirt wer-

den, wird man Distanzen von 160 Fuß mit kleinen Pfählen marquiren, längst welchen man zu Zeiten die Recrouten, wie auch die Compagnien wird marschiren lassen, um sich zu versichern, daß der Schritt exact von zwei Schuhen gemacht werde, wie auch daß die 80 Schritt exact in der Minut gemacht werden, wozu der bei der Instruction präsidirende Staabs-Offtcier oder Hauptmann sich einer Seconden Uhr oder einer Minut Sand Uhr bedienen wird.

Der Instructeur soll sich zu Zeiten etwas vorwärts seiner Mannschaft stellen, um wahrzunehmen, ob die Pursche grad vor sich marschiren, ohne sich rechts oder links zu werfen, wie auch daß er keine Schuhsohlen siehet, welches die Probe ist, daß der Schritt ordentlich formirt wird.

Der Instructeur wird auch öfters selbsten vor marschiren, oder einen Corporal vor marschiren lassen, um ihnen sowol die Länge als auch die Cadence des Schrittes wohl einzuprägen.

6te Lection.

Der schräge Schritt.

Wenn der Recrout den ordinairen Schritt recht wird inne haben, so wird man ihm den schrägen Schritt anzeigen.

Man wird solchen in zwei Theile theilen, um solchen denen Burschen besser begreifen zu lernen.

Grundsäzze des schrägen Schrittes.

Wenn die 3 Recrouten auf 2 Schuh Distanz in einem Glied rangirt sind; so wird commandirt:

Rechts seitwärts! Marsch!

Auf das Commando: Marsch! wird der rechte Fuß ohngefehr 24 Zoll vom linken schräg rechts gesezt, hier wird ausgehalten. Auf das Commando: Zwei! wird der linke Fuß 17 Zoll vorwärts des rechten Absazzes gesezt und hier ausgehalten; diese Art zu marschiren wird fortgesezt, dabei Achtung gegeben, daß die Schultern immer in gleicher Linie bleiben; nach einigen solchen Lectionen wird man denen Recrouten lernen diesen schrägen Schritt, ohne ihn zu theilen und ohne anzuhalten, in der Cadence des ordinairen Schrittes zu machen.

Es ist zu observiren, daß in dem schrägen Schritt die Köpfe allezeit gedrehet bleiben, nach der Seite, wo sie vorher waren.

Wenn die Recrouten im ordinairen Schritt vorwärts im Marsch sind, und der Instructeur commandirt:

Rechts Seitwärts! Marsch!

Auf das Commando: Marsch! wird der Marsch seitwärts angetreten. Dieses Commando muß in dem Augenblik ausgesprochen werden, da eben der linke Fuß aufgehoben ist.

Es ist zu bemerken, daß der Soldat seinen Schritt wol in der angezeigten Proportion formirt, daß die vorgeschriebene Cadence beibehalten werde, daß die Schultern immer in gleicher Linie bleiben, daß der Kopf nach der nemlichen Seite gedrehet bleibe, wohin er im Gradausmarschiren gedrehet war.

Die Grundsäzze vor den Marsch links seitwärts sind die nemlichen, wie vor den Marsch rechts seitwärts.

6te Lection.

Stellung unter dem Gewehr.

Wenn der Recrout den ordinairen und schrägen Schritt wol wird inne haben, so gibt man ihm die Stellung mit dem Gewehr.

Grundsäzze das Gewehr zu tragen.

Der Soldat in die Stellung gesezt, die in der 1ten Lection vorgeschrieben ist, gibt man ihm das Gewehr in die linke Hand, den Arm nur ein wenig gebogen, den Ellenbogen zurük, und an den Leib gelegt, ohne ihn zu fest anzudrukken; den Ballen von der Hand an das äussere flache Theil des Kolben angedrukt, die äussere Schärfe des Kolben in dem ersten Gelenke der Hand, die Spizze des Kolben zwischen dem ersten und zweiten Finger, der Daumen drüber, die 3 lezten Finger unter dem Kolben.

Den Kolben vorwärts der Hüfte und neben dem Schenkel angelegt, damit die Bewegung des Schenkels im Marschiren das Gewehr nicht aus seiner Stellung bringe, der Lauf muß grad vorwärts stehen, der rechte Arm ganz natürlich herunter hangend, die Ellenbogen am Leib. Es ist zu bemerken, daß der verschiedene Bau der Körper erfordert, daß das Gewehr mehr oder weniger vorwärts der Hüfte angedrukt werden muß, um eine Egalität im Gewehrtragen zu erhalten, so daß die Gewehr immer egal und senkrecht auf der Schulter liegen, so daß es nicht von derselben abfallen kann, noch zu nahe an den Kopf zu liegen kommt.

Die Soldaten auf 2 Schuh von einander gestellet in einem Glied, weil sie der Instructeur den ordinairen Schritt marschiren lassen, und wird Acht haben, daß sie beständig das Gewehr in der angegebenen Stellung erhalten.

Die Recrouten bringen gemeiniglich den Oberleib zurük, die Last des Gewehrs macht ihnen die linke Schulter herunter bringen, sie bringen den linken Ellenbogen vom Leib und den rechten Arm, um das Gleichgewicht zu erhalten, welches durch das Gewicht des Gewehrs verlohren gehet, sie fürchten, daß das Gewehr von der Schulter gleitet; diese Fehler müssen beständig corrigirt werden, und ihre Stellung beständig rectificirt. Man läßt sie öfters halten, um ihnen wieder auf das neue die Stellung und das Gewehr in die Hand zu geben. Im Anfang muß man sie nicht zu lang anhalten, sondern sie

nach

nach und nach gewöhnen, lange mit dem Gewehr auf der Schulter zu marschiren. Diese
Stellung muß ihnen so natürlich gemacht werden, daß sie selbige von selbsten ohne Mühe
nehmen, und sich darinn erhalten können.

Wenn sie so weit gebracht sind, so stellet
man die drei Mann neben einander Arm an
Arm, und zeigt ihnen an, nach welcher
Seite die Fühlung muß gehalten werden, wie
auch die Köpfe; alsdann wird commandirt:

Peloton vorwärts! Marsch!

Man wird sie anhalten, sich immer leicht
nach der Seite anzuspühren, wo die Fühlung
ist angezeigt worden, ohne weder den rechten
noch den linken Ellenbogen vom Leib zu bringen,
und sie gewöhnen, sich sowol durch die Fühlung
ihres Nebenmannes in der Richtung zu erhalten,
als durch das Gesicht, und muß Acht gegeben
werden, daß sie die Köpfe nicht zu viel nach der
Seite hindrehen, wo die Richtung und Fühlung
ist, damit die Schultern nicht verdrehet werden, und allezeit in gleicher Linie bleiben. Sie
sollen den Druckungen nachgeben, die wo von
der Seite der Richtung herkommen, und wenn
der Mann auf der Richtungs = Seite sich entfernet, so muß man nach und nach die Fühlung
ohne den Ellenbogen vom Leib zu thun wieder
suchen.

Es ist sehr nöthig, den Soldaten zu gewöhnen, rechts seitwärts zu marschiren, wenn

C

die Richtung und Fühlung links ist, und so
auch links seitwärts, wenn die Fühlung rechts
ist; das ist das beste Mittel, sie zu gewöhnen,
die Schultern grad im Glied zu erhalten.

7te Lection.

Von den Handgriffen.

Die Handgriffe werden, drei Mann in einem Glied rangirt, gezeigt werden, und hernach
in einer Rotte, die Vollziehung der Commando's wird in Tempo's abgetheilet und diese wieder in Bewegungen, um es dem Soldaten desto
begreiflicher zu machen.

Auf die lezte Silbe des Commando's wird
die erste Bewegung lebhaft verrichtet, die Commando's zwei und drei bestimmen die Vollziehung
der folgenden Bewegungen. Wenn der Soldat
die verschiedene Bewegungen wird verrichten
können, so zeigt man ihm die Tempo's zu machen, ohne zwischen denen Bewegungen anzuhalten.

Es wird commandirt:

Ladung in 7 Tempo's!

T'Achtung!

Lad's — Gewehr!

1 Tempo. 2 Bewegungen.

1te Bewegung.

Das Gewehr wird mit der linken Hand einwärts gedrehet, daß das Schloß vorstehet, mit der rechten im Einschnitt des Kolben angefaßt, daß das Gewehr senkrecht und von der Schulter ab zu stehen kommt, die linke Hand loß am Kolben.

2te Bewegung.

Der rechte Absaz wird vor die linke Schnall gebracht, zugleich bringt die rechte Hand das Gewehr gegen den linken Schenkel herunter, die linke Hand faßt es am 2ten Ring, drükt diese Hand an den lezten Camisol-Knopf bei, der Kolbe wird ohne Stoß auf die Erde gesezt, das Gewehr liegt an dem linken Schenkel an, der Ladstok gegen den Leib, die Mündung gegen der rechten Schulter, 8 Zoll davon ab, zugleich mit der rechten Hand in die Patron-Tasche gefahren.

Ergreift die Patron!

Man ergreifet eine Patrone, hält sie zwischen den zweien ersten Fingern und dem Daumen, sogleich fährt die rechte Hand längs dem Leib herauf und bringt sie zwischen die Zähne.

Patron in — Lauf!

1 Tempo. 1 Bewegung.

Man schraubt die Patron zwischen den Zähnen bis auf das Pulver ab, und hält den geöfneten Theil zwischen den zwei ersten Fingern und dem Daumen, schauet auf die Mündung, bringt die Patron in den Lauf, so daß das obere Theil der Hand gegen den Leib gewendet ist, der Ellenbogen in der Höhe der Faust, die Finger ein wenig zugeschlossen, ohne sie zusammen zu drükken.

Zieht aus den — Ladstok!

1 Tempo.   1 Bewegung.

Den rechten Ellenbogen schnell herunter gebracht und den Ladstok mit dem Daumen und gebogenen ersten Finger ergriffen, reißt den Ladstok halb aus dem Röhrgen heraus, die rechte Hand wird schnell herunter gebracht, den Ellenbogen gegen den Leib, der Ladstok wieder über dem Röhrgen ergriffen, völlig herausgezogen, und bis an die Faust in den Lauf gethan.

Stoßt die — Ladung!

1 Tempo.   1 Bewegung.

Der Arm wird, so lang er ist, ausgestrekt, die rechte Hand fährt herauf, und faßt den Ladstok mit ausgestrektem Daumen und gekrümmten Zeigefinger, die übrige Finger zugemacht, und so mit Gewalt den Ladstok in Lauf gejagt, den Ellenbogen gegen den Leib gezogen, und sogleich wieder den Ladstok mit dem Daumen und Zeigefinger ergriffen, die übrige Finger sind, wie vorher zu.

Ladstok an — Ort!

1 Tempo.   1 Bewegung.

Schnell den Ladstok bis über die Hälfte herausgezogen, die Hand fährt herunter, und ergreift denselben wieder mit dem ersten Finger und dem Daumen an der Mündung, den Ellenbogen gegen den Leib, den Ladstok völlig herausgerissen, sogleich in das Röhrgen eingesezt, läßt ihn hinunter laufen, und stoßt ihn völlig hinunter, indeme man die Hand etwas gebogen auf das End des Ladstoks sezt.

Schultert's — Gewehr!

1 Tempo.   3 Bewegungen.

1te Bewegung.

Mit der linken Hand das Gewehr längs am Leibe so heraufgebracht, daß der kleine Finger in der Höhe des Auges zu stehen kommt, der Lauf auswärts, die rechte Hand fährt herunter, um das Gewehr im Einschnitt zu fassen.

2te Bewegung.

Die rechte Hand hebt das Gewehr in die Höhe, die linke Hand verläßt es und ergreift es unter der Kolbe, der rechte Fuß wird wieder neben den linken gesezt, die rechte Hand sezt das Gewehr fest an die linke Schulter, so wie es bei der Stellung unter dem Gewehr ist

angezeigt worden, und bleibt am Einschnitt
des Gewehrs liegen ohne es zu halten.

3te Bewegung.

Frisch die rechte Hand herunter und längs
dem Schenkel geworfen.

Das Fertigmachen der drei Glieder.

Stellung des 1ten Gliedes.

Macht Euch — fertig!

1 Tempo. 3 Bewegungen.

1te Bewegung.

Mit der linken Hand das Gewehr gedrehet,
daß das Schloß vorwärts zu stehen kommt,
mit der rechten das Gewehr im Einschnitt angefaßt, das Gewehr senkrecht, die linke Hand
loß unter dem Kolben, den linken Fuß ein wenig einwärts gedrehet.

2te Bewegung.

Den rechten Fuß lebhaft zurük gebracht,
den Absaz in die Höhe, die Zähen krumm gebogen, die Knie langsam auf 10 bis 12 Zoll
rükwärts auf die Erde gesezt, 6 Zoll rechts
vom linken Absaz, das Gewehr mit der rechten
Hand von der Schulter gebracht, mit der linken am ersten Ring angefaßt, der Daumen

längst dem Schaft, den Kolben, ohne aufzustoſ-
ſen, auf die Erde gebracht vor den rechten
Schenkel, ſo daß das dikke End vom Kolben
gegen den linken Abſaz zu ſtehen kommt, den
Hahn mit dem Daumen und Zeigefinger der
rechten Hand angefaßt.

3te Bewegung.

Den Hahn geſpannt.

Stellung des 2ten Gliedes.

1 Tempo.   3 Bewegungen.

1te Bewegung.

Auf dem linken Abſaz halb rechts um gemacht, den rechten Fuß winkelrecht hinter und
gegen den linken Abſaz geſezt, daß die Schnalle
den Abſaz berühret, mit der linken Hand das
Gewehr gedrehet, wie beim 1ten Glied.

2te Bewegung.

Mit der rechten Hand das Gewehr vor
die Mitte des Leibs gebracht, die linke faßt es
mit einem Schlag an, ſo daß der kleine Finger
dichte über die Pfann-Feder zu liegen kommt,
den Daumen in der Höhe des Kiens und längs
dem Schaft angelegt, das Seiten-Blech faſt
gegen den Leib gedrehet, daß der Ladſtok gerade
vorwärts zu ſtehen kommt, zugleich wird der

rechte Daume auf die Steinschraube des Hahns gesezt, der Zeige=Finger dichte unter den Bügel.

3te Bewegung.

Den rechten Ellenbogen rasch an den Leib gebracht, indeme man den Hahnen spannet, und das Gewehr im Einschnitt des Kolben angefaßt.

Stellung des 3ten Gliedes.

1 Tempo.   3 Bewegungen.

Man nimmt die nemliche Stellung wie das zweite Glied.

Schlagt — an!

1 Tempo.   1 Bewegung.

Das Gewehr lebhaft in Anschlag gebracht, die linke Hand rutscht lebhaft vor bis an den ersten Ring, so daß der Zeige=Finger iust wieder diesen Ring kommt, den Kolben an die rechte Schulter angesezt, den Ellenbogen gesenkt, das linke Auge zu, mit dem rechten gezielet, und den Kopf deßwegen auf den Kolben gebukt.

Das erste Glied wird den linken Arm wol ausstrekken, und das Gewehr lebhaft in die Schulter bringen, den Hahn umfassend. Das dritte Glied bringt den rechten Fuß acht

Zoll vor in der Direction, wo sich der Fuß befindet.

Sezt — ab!

1 Tempo. 1 Bewegung.

Das Gewehr lebhaft zurük gezogen, um in die Stellung der zweiten Bewegung des Fertigmachens zu kommen.

Schlagt — an!

Wie es oben vorgeschrieben ist.

Feuer!

1 Tempo. 1 Bewegung.

Lebhaft und stark mit dem ersten Finger gegen den Drukker gedrukt und in dieser Stellung stehen geblieben.

Ladt!

Das Gewehr wird schnell auf die Brust abgezogen, so daß der linke Ellenbogen auf die Hüft aufgesezt ist, das Schloß in die Höhe und gegen die rechte Brust angedrukt wird, und die Mündung in der Richtung des linken Auges zu stehen kommt, der Hahn wird mit dem Daumen und ersten Finger angefaßt, das erste Glied stehet lebhaft auf und nimmt die Stellung des zweiten Gliedes, das dritte Glied zieht den rech-

ten Fuß bei. Dieses wird im Peloton = und Ba=
taillon = Feuer observirt werden.

Wenn man nach dem Feuer nicht mehr
will laden lassen, so commandirt man sogleich
darauf:

Schultert's — Gewehr!

Auf das Wort: schultert! stellen die
Soldaten den Hahn in die Ruhe und schliessen
die Pfanne; auf das Wort: Gewehr! wer=
den sie das Gewehr lebhaft schultern.

Wenn nachdeme ist: Macht euch fer=
tig! commandirt worden, und ehe man ge=
feuert hat, man wieder wollte das Gewehr
schultern lassen; so commandirt man; Schul=
tert's! Auf dieses Wort machen die drei Glie=
der front, das Gewehr senkrecht zwischen die
zwei Augen haltend, die linke Hand in der Höhe
des Kiens, und mit der rechten den Hahn in die
Ruhe gesezt; Auf das Wort: Gewehr! wird
lebhaft geschultert.

Soll im Gegentheil wieder geladen wer=
den; so wird commandirt:

Hahn in die — Ruhe!

Wird der Hahn in die Ruhe gestellt, die
Pfanne geschlossen und das Gewehr im Einschnitt
angefaßt.

Zur Ladung's — Gewehr!

Wieder lebhaft Front gemacht, den rechten Absaz vor die linke Schnall gebracht, das Gewehr mit der rechten Hand dicht am Leib vorbei geführet, mit der linken das Gewehr am lezten Kamisolknopf beigedrukt und die rechte Hand in die Tasche gebracht, um in die nemliche Stellung zu kommen, die in dem 1ten Tempo, 2ter Bewegung der Ladung in 7 Tempo vorgeschrieben ist.

Präsentirt's — Gewehr!

1 Tempo.   2 Bewegungen:

1te Bewegung.

Die linke Hand drehet das Gewehr, das Schloß auswärts, die rechte faßt es am Einschnitt, das Gewehr von der Schulter ab und senkrecht, die linke Hand frei unter der Kolbe.

2te Bewegung.

Die rechte Hand drehet das Gewehr vollends, und bringt es senkrecht mitten vor den Leib, den Ladstok auswärts, den Hahn in der Höhe des lezten Kamisolknopfes; die rechte Hand umfaßt es dichte unten am Bügel, zu gleicher Zeit umfaßt es die linke Hand mit einem raschen Schlage, der kleine Finger kommt auf die Pfannfeder; der Daumen längs dem Lauf gestreckt, und an den Schaft angelegt, den

Vorderarm ungezwungen am Leibe geschlossen, man behält front vorwärts, und bringt keinen Fuß von der Stelle.

Schultert's — Gewehr!

1 Tempo. 2 Bewegungen.

1te Bewegung.

Beide Hände drehen das Gewehr den Lauf auswärts, die rechte Hand bringt es dicht am Leib in die Höhe und an die linke Schulter; die linke Hand mit einem Streich unter die Kolbe, die rechte bleibt loß am Einschnitt liegen.

2te Bewegung.

Die rechte Hand fällt neben die Seite herab.

Fällt's — Bayonet!

1 Tempo. 2 Bewegungen.

1te Bewegung.

So wie die erste vom Gewehr präsentiren.

2te Bewegung.

Das Gewehr mit der rechten Hand dicht an dem Leib vorbei gebracht, selbige an die rechte Hüfte angelegt, so daß das Gewehr horizontal der Lauf oben gegen die rechte Hüfte gesezt wird, die linke Hand empfangt das Gewehr an dem ersten Ring, den Daumen an dem Schaft angeleget. Der Leib und die Füße bleiben in der nemlichen Stellung.

Schultert's — Gewehr!

1 Tempo. 2 Bewegungen.

1te Bewegung.

Das Gewehr wird mit der rechten Hand dicht am Leib vorbei gebracht, der Daumen kommt an das Seitenblech und sezt das Gewehr in die linke Schulter, die linke Hand verlaßt das Gewehr, und faßt es mit einem raschen Streich am Kolben.

2te Bewegung.

Die rechte Hand fällt an die Seite herab.

Beim Fuß. — Gewehr!

1 Tempo. 2 Bewegungen.

1te Bewegung.

Die rechte Hand ergreift das Gewehr dicht über dem ersten Ring, die linke verlaßt es, zugleich wird das Gewehr auf die rechte Seite gebracht, die Kolbe 3 Zoll von der Erde, und der Ladstok auswärts.

2te Bewegung.

Man laßt das Gewehr durch die Hand rutschen, den Lauf zwischen dem Zeigfinger und

Daumen der rechten Hand, diese zwei Finger
längs dem Schaft, die andere drei gestreft und
beisammen, die Mündung 2 Zoll von der Schulter ab, der Ladstok auswärts, das dikke End
der Kolbe dicht an die rechte Schuhspizze.

Schultert's — Gewehr!

1 Tempo.   2 Bewegungen.

1te Bewegung.

Man hebt das Gewehr mit der rechten
Hand in die Höhe, und bringt es auf die linke
Schulter, dabei wird das Gewehr so gedrehet,
daß der Lauf auswärts zu stehen kommt, zugleich wird die linke Hand unter die Kolbe gebracht, die rechte bleibt aber, ohne herunter
zu rutschen, los an dem Gewehr liegen.

2te Bewegung.

Die rechte Hand fällt flach an die Seite
des Schenkels herunter.

Wenn diese 2 Bewegungen in einer gemacht
werden, so muß die rechte Hand beim Gewehr
schultern, fast eben so hurtig in das Glied zu-
rükfallen, wie die linke an die Kolbe kommt.

In Arm's — Gewehr!

1 Tempo.   2 Bewegungen.

1te Bewegung.

Man umfaßt das Gewehr rasch v i e r
Zoll unter dem Seitenblech, und schiebt es ein
wenig in die Höhe, ohne es zu drehen.

2te Bewegung.

Die linke Hand verläßt die Kolbe, der linke Vorderarm kommt dicht unter den Hahn, und wird quer über die Brust gestrekt, so daß die Hand flach auf der rechten Brust liegt.

3te Bewegung.

Die rechte Hand fährt flach auf die Seite des Schenkels hin.

Wenn das Gewehr im Marschiren in Arm genommen wird, so bleibt die rechte Hand in der Position der 2ten Bewegung, und wenn man das Gewehr stehend im Arm hat und soll anmarschiren, so fährt auf das Commando: Marsch! die rechte Hand an das Gewehr.

Schultert's — Gewehr!

1 Tempo. 3 Bewegungen.

1te Bewegung.

Die rechte Hand fährt rasch an den Einschnitt des Gewehrs.

2te Bewegung.

Die linke Hand wird rasch mit einem Streich unter den Kolben gebracht, das Gewehr ein wenig herunter gebracht, daß es in seine Stellung kommt.

48

3te Bewegung.

Man bringt die Hand flach an die Seite des Schenkels.

Hoch in den rechten Arm's —
— Gewehr!

1 Tempo.   3 Bewegungen.

1te Bewegung.

Wie die 1te des Gewehrspräsentirens.

2te Bewegung.

Die rechte Hand bringt das Gewehr senkrecht an die rechte Schulter, den Ladstok auswärts, den rechten Arm ausgestrekt, die rechte Hand faßt den Hahn und Bügel an, die linke ergreift das Gewehr in der Höhe der Schulter.

3te Bewegung.

Die linke Hand fällt auf die Seite dicht am Leib vorbei.

Schultert's — Gewehr!

1 Tempo.   2 Bewegungen.

1te Bewegung.

Das Gewehr wird von der rechten Schulter ab, und senkrecht zwischen die beiden Augen gebracht,

gebracht, die linke Hand ergreift es in der Höhe
der Halsbinde, die rechte Hand verläßt alsdann
den Bügel, um das Gewehr am Einschnitt zu
faffen, und diesen bis in die Höhe des lezten
Kamisolknopfes zu bringen.

2te Bewegung.

Das Gewehr wird mit der rechten Hand
in Höhe gehoben, der rechte Daumen liegt
längs an dem Seitenblech, der Lauf auswärts
gedrehet, das Gewehr geschultert, zugleich fährt
die linke Hand unter die Kolbe.

3te Bewegung.

Die rechte Hand fällt auf die Seite.

Bajonet an — Ort!

1 Tempo. 3 Bewegungen.

1te Bewegung.

Die rechte Hand ergreift das Gewehr über
dem erften Ring.

2te Bewegung.

Das Gewehr wird mit der rechten Hand
längs dem Schenkel herunter gebracht, die linke
Hand faßt es dicht über der rechten an, um in
die Stellung der 2ten Bewegung des 1ten Tempo's der Ladung in 7 Tempo zu kommen, der
Lauf wird etwas gegen den Leib gedrehet, mit
dem Ballen der rechten Hand das Bajonet ab-
gestoffen, die linke bringt das Gewehr vom Leib,

D

indeme sie den Lauf wieder auswärts drehet;
Man stekt das Bajonet in die Scheide, und
bükt dabei den Kopf ein wenig, um die Oefnung
derselben zu finden, der Kopf wird sogleich wieder in die Höhe gebracht, und die rechte Hand
bleibt am Bajonet haus.

3te Bewegung.

Das Gewehr wird mit der linken Hand in
die Höhe gebracht, mit der rechten am Einschnitt angefaßt und geschultert.

Verdekt's — Gewehr!

1 Tempo. 2 Bewegungen.

1te Bewegung.

Die rechte Hand umfasset das Gewehr
hurtig am Einschnitt, so daß der erste Finger
wider den Hahn zu liegen kommt, und der Daumen längst dem Seitenblech, zugleich bringt
man es von der Schulter ab, den Lauf vorwärts, die linke Hand ergreift es an dem ersten
Ring, den Daumen langs dem Ladstok angelegt, das Gewehr senkrecht gegen die linke
Schulter über, die Spizze des Kolben kommt
nicht aus ihrem Plaz, den Ellenbogen an das
Gewehr an.

2te Bewegung.

Man bringt das Gewehr verdekt unter den
linken Arm, wobei die linke Hand unverändert

am Gewehr liegen bleibt, der kleine Finger muß auf der Hüfte ruhen, und die rechte Hand zugleich flach auf die Seite herunter fallen.

Schultert's — Gewehr!

1 Tempo.   3 Bewegungen.

1te Bewegung.

Das Gewehr wird wieder mit der linken Hand in die Höhe gehoben, die rechte faßt es am Einschnitt an, um es an die Schulter zu drukken, die Kolben so angesezt, wie im Gewehr schultern, die linke Hand verläßt das Gewehr und wird mit einem raschen Streich unter den Kolben gebracht.

2te Bewegung.

Die rechte Hand auf die Seite herab.

Pflanzts = Bajonet!

1 Tempo. 3 Bewegungen.

1te Bewegung.

Wie die erste Bewegung des Commando: Bajonet an Ort!

2te Bewegung.

Wie die 2te Bewegung: Bajonet an Ort! ausgenommen, daß indeme die linke Hand das Gewehr vom Leib abhalt, der Lauf vorwärts bleibt, und die rechte Hand das Bajonet an dem Hauß ergreifet, um es rasch aufzupflanzen, zu gleicher Zeit muß die linke Hand das Gewehr

wieder an den Leib ziehen, indeme sie den Lauf
einwärts wendet, die rechte Hand bleibt an
dem Bajonet.

3te Bewegung.

Das Gewehr wird so geschultert, wie im
lezten Tempo der Ladung.

Wenn die Recrouten die nöthige Fertigkeit
in diesen Handgriffen haben, und solche Tempo'sweise, ohne zwischen den Bewegungen anzuhalten, mit Fertigkeit verrichten können, so
zeigt man ihnen die geschwinde Chargirung.
Hierzu wird commandirt:

Geschwinde Chargirung!

Ladts — Gewehr!

Auf dieses Commando wird das Gewehr
geladen, wie es in der Ladung in 7 Tempo's vorgeschrieben ist, nur daß nicht zwischen denen
Tempo's ausgehalten wird, sondern in der
möglichsten Geschwindigkeit aber doch alle Tempo's in Ordnung gemacht werden.

Von den Feuer.

Es werden zwei Arten von Feuer gemacht,
nemlich die graden und die schrägen.

Die geraden Feuer werden folgendermassen
commandirt und vollzogen werden.

Mit Pelotons chargiren.

Chargirt!

1.

T'on!

2.

Fertig!

3.

T'an!

4.

Feuer!

Auf das Commando: Fertig! nehmen die Soldaten die Stellung, welche ihnen ist ange=zeigt worden, nach dem Glied, in welchem sie stehen.

Nach dem Commando: Feuer! und auf dieses: Ladt! ziehen sie das Gewehr ab, laden das Gewehr und schultern.

Von denen schrägen Feuer.

Diese Feuer werden sich rechts und links verrichten, wenn rechts soll angeschlagen wer=den, so werden die nemliche Commando's ge=macht, wie oben, ausgenommen, daß nach

dem Commando: Fertig! wird commandirt
werden: rechts oder links angeschlagen! Auf das Commando: fertig! wenn
rechts soll angeschlagen werden, bringt das dritte
Glied den linken Fuß sechs Zoll vorwärts und
gegen die rechte Schuhspizze des Vordermannes
im 2ten Glied, und bringt auch zugleich den
Oberleib vor, die zwei lezten Glieder schlagen in
die nemliche Lükke an, wie im graden Feuer,
ob sie gleich schräg stehen, das 1te Glied senkt
ein wenig das linke Knie einwärts, ohne den
Fuß zu verrükken. Auf das Commando: Ladt!
Ziehen die Soldaten das Gewehr ab, und laden in der Stellung, wo sie sich befinden, das
3te Glied zieht den linken Fuß bei.

Wenn soll links angeschlagen werden, auf
das Commando: L'an! bringt das dritte Glied
den linken Fuß 6 Zoll vorwärts und gegen
den rechten Absaz des Mannes im zweiten Glied,
der Oberleib wird auch vorgelegt und wird in
die Lükke linkerhand seines Vormannes angeschlagen. Auf das Commando: Ladt! werden die Gewehr abgezogen, gerade Front genommen und geladen und der linke Fuß bei-
gezogen, wie oben gesagt.

In denen schrägen Feuer, werden die
Leuthe im 3ten Glied in Obacht nehmen, auf
das Commando: Rechts angeschlagen!
oder Links angeschlagen! die Augen auf
die Lükke zu werfen, in die sie anschlagen
sollen.

Das Glieder-Feuer.

Es wird commandirt:

Das Glieder-Feuer!

Peloton!

Fertig!

Chargirt!

Auf das Commando: Fertig! nehmen die 3 Glieder die Stellung, wo vor das zweite und dritte Glied ist angezeigt worden, in denen Feuer. Auf das Commando: chargirt! schlagen der Mann vom 1ten und 2ten Glied an, und feuern ohne Commando, der Mann vom ersten Glied ladt sein Gewehr wieder und feuert und so fort, der Mann vom zweiten Glied giebt sein Gewehr mit der rechten Hand an den Mann vom dritten Glied ab, der es mit seiner linken Hand empfängt, und giebt zugleich sein Gewehr mit der rechten an den Mann vom zweiten Glied ab, welcher es mit der linken empfängt, der Mann vom 1ten Glied feuert mit dem Gewehr des Mannes vom 3ten Glied, ladt es, und schießt es noch einmal los, und gibt es alsdann an seinen Hintermann wieder zurük, empfängt das Seinige wieder, welches von seinem Hintermann ist geladen worden, und fähret so fort zweimal zu schiessen und einmal zu laden. Der Mann im dritten Glied schießt niemalen sondern thut nur laden.

Jeder Mann, nachdeme er geladen hat, kommt immer wieder in Stellung des Fertigmachens. Auf das Commando Würbel! hört das Feuer auf, jeder Mann fährt fort sein Gewehr zu laden und schultert, der Mann vom zweiten und dritten Glied wechseln ihre Gewehre aus.

Die kleine oder extra Handgriffe.

Diese Griffe, welche eigentlich nicht zum exerciren gehören, aber doch in verschiedenen Gelegenheiten gebraucht werden, sollen auf folgende Art verrichtet werden. Nachdem die Leuthe das Gewehr vor dem Hochwürdigen presentirt haben, wird commandirt.

Beim Fuß — Gewehr!

Wie solches in denen Handgriffen ist beschrieben worden.

Fallt nieder auf die Knie!

Man tritt mit dem rechten Fuß zurük, und kniet dergestalt nieder, daß das linke Bein ganz gerade stehe, und die linke Hand darneben herunter hänge, die rechte Hand wird zugleich an dem Gewehr herunter gelassen, bis an den 1ten Ring.

Hüthe — ab!

1 Tempo.   2 Bewegungen.

1te Bewegung.

Man ergreift den Huth mit der linken Hand in der Spizze desselben mit 2 Fingern, der Daumen aber kommt mit den übrigen Fingern ausserhalb zu liegen.

2te Bewegung.

Man zieht den Huth frisch ab, und leget solchen auf das linke Knie, dergestalten, daß die Hohlung des Kopfes auf demselben liege.

Hüthe — auf!

1 Tempo.   1 Bewegungen.

1te Bewegung.

Man sezt den Huth wieder auf.

2te Bewegung.

Man läßt die linke Hand los, und neben das linke Bein herunter fallen.

Steht — auf!

1 Tempo.   1 Bewegung.

Man steht auf und kommt in die Stellung beim Fußgewehr.

Strekt's — Gewehr!

1 Tempo. 2 Bewegungen.

1te Bewegung.

Die rechte Hand drehet das Gewehr, daß das Seitenblech vorwärts komme, der Patrontaschen Riemen wird mit der linken Hand ergriffen, und der Leib rasch vorwärts gebukt, der linke Fuß fällt mit einem raschen Tritt aus, man strekt das Gewehr mit der rechten Hand gerade vor sich auf die Erde hin, wobei das dikke Ende der Kolbe immer mit der rechten Fußspizze gerichtet bleibet, das rechte Knie ein wenig gebogen, der rechten Absaz oberwärts gekehret, und den linken gerade gegen den 1ten Ring über.

2te Bewegung.

Man stehet wieder auf und bringet den linken Fuß neben den rechten, beide Hände fallen flach neben an die Schenkel.

Ergreift's — Gewehr!

1 Tempo. 2 Bewegungen.

1te Bewegung.

So wie in der ersten Bewegung des Commando: Strekt's — Gewehr!

2te Bewegung.

Man hebt das Gewehr wieder von der Erde auf, und sobald der linke Fuß neben dem rechten ist, wird das Gewehr mit der rechten Hand gedrehet, damit der Ladstok wieder vorwärts komme, die linke Hand fällt auf die Seite an den Schenkel.

Zur Straf's — Gewehr!

1 Tempo.　2 Bewegungen.

1te Bewegung.

Mit der rechten Hand herauf gefahren, und am obersten Ring ergriffen in völligen Faust, der Daumen kommt längs dem Visier Korn zu liegen.

2te Bewegung.

Mit der rechten Hand beim Leib vorbei gebracht, die linke umfaßt es über dem mittelsten Ring, der Kolben kommt vor die linke Fußspitze zu stehen, die Mündung an die linke Schulter angelegt, die rechte Hand fällt längs dem Schenkel herunter.

Beim Fuß — Gewehr!

1 Tempo.　2 Bewegungen.

1te Bewegung.

Die linke Hand bringt das Gewehr beim Leib vorbei in die Stellung beim — Fuß! die rechte Hand ergreift es wieder am obersten Ring.

2te Bewegung.

Die rechte Hand fährt herunter an das Gewehr.

Ruht auf dem — Gewehr!

1 Tempo.   2 Bewegungen.

1te Bewegung.

Die rechte Hand fährt herauf, an den obersten Ring, wie oben gesagt worden.

2te Bewegung.

Man stoßt das Gewehr mit ungezwungenem steiffen Arm von sich in der Position, wie es beim Fuß war.

Beim Fuß — Gewehr!

1 Tempo.   2 Bewegungen.

1te Bewegung.

Man zieht den Arm wieder bei, das Gewehr neben den rechten Absaz.

2te Bewegung.

Die rechte Hand fährt herunter und umfaßt das Gewehr.

Schultert's — Gewehr!

Wie es schon oben vorgeschrieben ist.

Das Gewehr — ab!

Wird gemacht, als wie das Gewehr beim Fuß, ausgenommen, daß der Kolbe 4 Zoll von der Erde bleibt, der Kolbe etwas zurük, die rechte Hand gegen die Hüfte angedrukt, die Mündung etwas vorwärts gesenkt.

Schultert's — Gewehr!

Auf das Commando: Schulter's. wird das Gewehr grad gestellet, auf das Commando: Gewehr! wird wie gewöhnlich geschultert.

Diese Tempo werden sowol stehend als im Marschiren gemacht, um in dem Fall man unter Bäumen durchmarschiren sollte, das Gewehr abzunehmen.

Verkehrt schultert's — Gewehr!

1 Tempo. 2 Bewegungen.

1te Bewegung.

Mit linkem ausgestrektem Arm, das Gewehr auswärts gedrehet, zugleich mit der rechten Hand das Gewehr in der Höhe der Schulter verkehrt so angegriffen, daß der Daumen auf dem Ladstok und die 4 Finger auf den Lauf kommen.

2te Bewegung.

Das Gewehr lebhaft mit der rechten Hand herum gedrehet, die linke Hand ist los und

empfängt das Gewehr an der Mündung, das
Schloß kommt flach vorwärts, und der Hahn
auswärts zu stehen, der Ladstok wird an die
Hüfte angedrukt, und die rechte Hand fällt
rasch ins Glied.

Schultert's — Gewehr!

1 Tempo.   2 Bewegungen.

1 Bewegung.

Den linken Arm völlig ausgestrekt, mit
der rechten Hand ein Streich in die Höhe der
Schulter und das Gewehr, wie oben, angefaßt.

2te Bewegung.

Mit der rechten Hand das Gewehr lebhaft herumgedrehet, das Schloß zugleich vorwärts gebracht, den Kolben in die linke Faust
und Schulter eingesezt und die Hand rasch ins
Glied.

Indeme bei der 2ten Bewegung das
Gewehr mit der rechten Hand herum gedrehet wird, muß blos mit den Schultern und
Körper halb rechtsum gemacht werden, damit im Verkehrt-Schultern der Kolben und
im Schultern die Mündung ohngehindert in
der Lüfte herum, und in die Höhe gebracht
werden kann.

Inspektion des Gewehrs.

Wenn der Soldat das Gewehr beim Fuß hat, so soll es jederzeit in der Stellung seyn, wo' ist bei diesem Tempo angewiesen worden.

T'Achtung!

Zur Inspection!

Auf dem linken Absaz so herumgedrehet, daß man einen vierten Theil weniger als beim rechts umkehrt herumkomme; den rechten Fuß zugleich sechs Zoll vom linken und schnur gerade hinter die Richtungs Linie gesezt, mit beiden Füssen einen rechten Winkel gemacht. Das Gewehr wird mit der linken Hand in der Höhe des lezten Kamisol Knopfes ergriffen, die Mündung ein wenig zurük gebracht, das dikke Ende der Kolbe kommt nicht von der Stelle, den Ladstok gegen den Leib gekehrt, zugleich wird das Gewehr ein wenig vom Leib ab, und die Hand an das Bajonet gebracht, und solches bei dem Hauß und dessen Arm so ergriffen, daß der oberwärts stehende äusserste Theil des Bajonethauses, einen Zoll über den Rand der Hand hervorrage, und der Daumen längs an die Klinge zu liegen komme, wenn man sie aus der Scheide bringt.

Das Bajonet völlig herausgezogen und auf den Lauf geschraubt, wobei man das Gewehr wieder an sich ziehet; sogleich den Ladstok mit dem Daumen und Zeigefinger ergriffen, und ihn so herausgezogen, wie es in der Ladung in 7 Tempo's ist angewiesen worden, man läßt den Ladstok in den Lauf herunterrutschen und macht gleich front, um wieder in die vorige Stellung zu kommen.

So wie der visitirende Officier vor den Mann kommt, so ergreift er mit der linken Hand den Ladstok, und laßt, indeme er ihn ein wenig herauszichet wieder in den Lauf fallen, und bringt hernach das Gewehr, indem er ihm einen kleinen Schupper durch die Hand giebt, gerade mitten vor den Leib, daß das Schloß vorwärts zu stehen kommt, stoßt es von dem Leib ab, um es dem Officier in die Hand zu geben.

Will man blos das Bajonet pflanzen lassen, so wird commandirt:

Pflanzt's — Bajonet!

Man schraubt das Bajonet auf den Lauf und macht gleich wieder Front.

Wenn das Bajonet schon gepflanzet ist, und man den Ladstok nur in den Lauf bringen will, um die Gewehre nach dem Feuern zu visitiren, so wird commandirt:

Ladstok in — Lauf!

Man bringt den Ladstok in den Lauf und macht gleich wieder Front. Sobald der Officier das Gewehr visitirt hat, wird der Ladstok wieder

wieder an seinen Ort gebracht, hier braucht der
Officier dem Soldat das Gewehr nicht abzunehmen; es ist genug, wenn er nur den Ladstok bei dem End ergreift, um nachzusehen, ob
er auch in die Höhe prellet.

Nach der Inspection, commandirt man:
Schulterts—Gewehr! wird das Gewehr
auf die Schulter gebracht, wie es es bei diesem
Tempo ist angewiesen worden.

Stüke, welche der Instructeur in Acht
nehmen muß bei Dressirung — wie
auch Erlernung der Handgriffe der
ihm untergebenen Mannschaft.

Der Officier oder Unterofficier, der einen
Recrouten dressiren soll, muß mit sehr vieler
Gedult zu Werke gehen, er muß seine Fähigkei-
ten wohl unterscheiden, so daß er mit denen,
wo leichte Begriffe haben, geschwinder und
mit den Einfältigen langsam zu Werke gehe,
die Schärfe bei denen Recrouten zu gebrauchen
ist unnatürlich und unmenschlich, man wird
dadurch in ihnen Widerwillen zum Dienst er-
wekken, hingegen man suchen muß, ihnen Lust
und guten Willen beizubringen, man höre nicht
auf, den Soldaten als einen Menschen zu be-
trachten; Der größte Theil ist durch eine gute
Art zu allem zu bringen, und er thut vor den

E

Officier, der ihn gut hält, und auf den er Ver-
trauen hat, mehr, als vor dem er zittert. Nur
alsdann muß Schärfe gebraucht werden, wenn
Boßheit oder übler Wille vorhanden ist, man
erhalte nur immer die Furcht vor der Schärfe
in einer Troupp, so wird man die Schärfe
selbst wenig nöthig haben.

Hauptsächlich suche man dem Recrouten
eine natürliche ungezwungene Stellung so wohl
im Stehen als wie im Marschiren beizubringen,
welches hauptsächlich schon in den ersten Lectionen ohne Gewehr muß zu Wege gebracht werden, besonders suche alsdann der Instructeur
denenjenigen Recrouten, wo durch harte Arbeit
die Schultern unbiegsam geworden sind, solchen wieder die nöthige Biegsamkeit zu geben;
In denen Handgriffen soll der Instructeur jede
Bewegung, die er zeiget, selbst vormachen, damit Beispiel und Lehre vereinigen.

So bald die Recrouten die Bewegungen
eines Tempos wohl wissen, so muß er ihnen
das Tempo selbst zeigen, ohne sich bei denen
Bewegungen aufzuhalten. Die Bewegungen,
die sie nicht recht begriffen haben, muß er wieder anfangen lassen. Es müssen nicht viele
Tempo's den Recrouten auf einmal gelehrt werden, sondern wenn sie einige wissen, so nimmt
man eines weiter dazu, und so fort. Man muß
Achtung geben, daß sie die Stellung des Leibes
und der Füsse beständig beibehalten, und muß
solche beständig rectificirt werden. Der Instructeur muß die größte Lebhaftigkeit bei der Ver-

richtung, Unbeweglichkeit nach ieder Bewegung und nach jedem Tempo von ihnen begehren, und darauf sehen, daß die Arme allein arbeiten, daß das Gewehr so nahe als möglich an dem Leib vorbei gebracht werde. Er muß auch iedem Mann die Stellung der drei Glieder zum Feuern zeigen; er soll ihnen ein Tempo nach dem andern in der vorgeschriebenen Ordnung zeigen.

So bald der Recrout die Ladung in 7 Tempo kann, so soll er drei hölzerne oder welches noch besser ist, sechs mit Kugeln und Kleyen geladene Patronen in der Patron = Tasche haben, damit er desto fertiger werde, die Patrone zu ergreifen, zu öfnen und in den Lauf zu schütten und das Papier mit der Kugel herunter zu stoßen, dieser Patronen soll man sich ebenfalls bei der geschwinden Chargirung und bei denen Feuer bedienen.

Damit der Soldat auch desto hurtiger die Patronen ergreifen und zwischen die Zähne bringen könne, ohne sie in der Hand herum zu drehen, so muß man ihm zeigen, die Patronen verkehrt in die Patrontasche zu stekken, und zwar so, daß die Kugel oben zu stehen komme.

Achte Lection.

Die verschiedene Schritte.

Wenn die Soldaten werden die Fertigkeit erhalten haben, den ordinairen und schnä-

gen Schritt wohl zu marschiren, und daß sie
die Handgriffe verrichten können, so wird man
ihnen zeigen, den kleinen Schritt, den grosen
Schritt, den geschwinden Schritt, den Schritt
auf der Stelle, den Schritt im Marschiren zu
changiren und den Schritt rukwärts.

Kleine Schritt!

Marsch!

Man macht den Schritt nur einen Fuß
lang oder auf die nemliche Grundsäzze, wie den
ordinairen Schritt.

Grosser Schritt!

Marsch!

Dieser Schritt wird zwei und einen halben Fuß lang gemacht.

Geschwinder Schritt!

Marsch!

Dieser Schritt soll 2 Fuß lang seyn und
derer 120. in der Minute gemacht werden.

Auf der Stelle!

Marsch!

Man bringt den Absaz des Fusses, der
in Bewegung ist, neben denjenigen, der auf

der Erde stehet; und diese Bewegung so wechselsweise ein Fuß um den andern macht, dauert
so lange, bis entweder Halt! oder Vorwärts —
Marsch! commandirt wird.

Schritt changirt!

Marsch!

Auf das Commando Marsch! in dem Augenblik, wo der linke Fuß aufgehoben ist, wird
dieser auf den Boden gesezt und mit dem rechten
Fuß der Schritt nur marquirt, und wieder
mit dem linken angetreten, dieses lernt den
Soldaten den Schritt gleich wieder zu nehmen,
wenn er ihn verlohren hat.

Rukwärts!

Marsch!

Dieser Schritt wird nur einen Schuh
groß gemacht, auf das Commando: Marsch!
wenn der Soldat stehendes Fusses ist, wird der
linke Fuß vorgebracht und einen Schuh rukwärts gesezt, die folgende Schritte wird der
Fuß nicht vorgestossen, sondern nur einen Fuß
rukwärts gesezt. Diesen Schritt muß man
nicht anderst gebrauchen, als einen Troupp,
die einige Schritte zuweit vor wäre, zurük zu
bringen.

Man muß die Soldaten üben, aus dem
ordinairen Schritt in den geschwinden, und
aus diesem wieder in den ordinairen Schritt zu

fallen, und aus diesem in die andere vorgeschriebene Schritte.

Der Soldat wird exercirt werden, das
Gewehr zu tragen im Marschiren, so auch
das Gewehr im Arm zu haben; in diesem Fall
aber wird allezeit das Gewehr lebhaft geschultert, auf das Commando Halt!

Neunte Lection.

Der Flanquen Marsch.

Die drei Mann auf einem Glied Arm an
Arm geschlossen, wird commandirt;

Peloton Rechts — um!

Vorwärts!

Marsch!

Auf das Commando: Um! machen die
drei Mann, Rechts um; — Auf das Commando: Marsch! treten sie an.

Der Instructeur stellet einen Corporal
oder dressirten Soldaten linker Hand des ersten
Mannes, oder rechter Hand, wenn mit links
um marschirt werden soll. Dieser Mann wird
sie führen, und wird er sich points de vue
auf der Erde nehmen, um immer der nemlichen Direction zu folgen. Er wird rukwärts
stehen bleiben, um zu sehen, daß sich die Sol-

daten weder rechts noch links werfen, sondern
immer der graden Direction folgen, er wird
ihnen sagen, daß der Kopf des Mannes, so
vor ihnen marschirt, ihnen allezeit die Köpfe
der vorhergehenden deffen muß.

Er wird sich auch zu zeiten auf der Seite halten, und Acht geben, daß der Schritt
auf die nemliche Grundsätze gemacht wird,
wie der ordinaire.

Daß ieder Mann seinen Fuß hinsezze an
den Plaz, den der Fuß des vorhergehenden verlassen hat.

Daß der Recrout die Knie nicht biege.

Daß er immer die Distanz halte, vor nach
dem Commando: Halt! Front machen zu
können. Daß wenn die Distanz verlohren gehet, sie nach und nach wieder genommen
werde.

Wenn mit Rotten soll geschwenkt werden,
wird commandirt:

Mit Rotten Rechts oder Links!

Marsch!

Ein jeder Mann vollziehet dieses Commando auf dem Plaz, wo der vorhergehende
wird geschwenkt haben.

Vor die Mannschaft halten zu lassen,
wird commandirt:

Peloton!

Halt!

Front!

Auf das zweite Commando halten die 3
Mann, auf das dritte machen sie links um,
wann in der rechten Flanque ist marschirt worden, und rechts um, wann solches links ist
gewesen.

Zehnte Lection.

Von den Richtungen und Schwen-

kungen.

•

Man wird sechs bis acht Mann in ein
Glied zusammen nehmen, um sie in der Richtung zu unterrichten.

Der Instructeur stellet zwei oder drei Mann
zwei Schritt vor das Glied, richtet sie und
commandirt nach dem:

Rechts — richt euch!

oder

Links — richt euch!

Auf dieses Commando, welches nach und nach iedem Mann gemacht werden wird, wird der Mann das Aug nach der Richtung hinwenden, tritt zwei Schritt vor, indeme er den zweiten Schritt etwas verkürzet, wird sich an den Arm des Mannes, neben welchen er sich stellen soll, anstellen, indeme er leicht dessen Ellenbogen berühret, ohne den seinigen vom Leib zu bringen, indeme der den zweiten Schritt verkürzt hat, wird er sich etwas rükwärts der Richtung befinden, so wird er sich vor in die Richtung der Augen-Linie des Mannes rutten, auf welchen er sich richten soll.

Man kann in der ersten Instruction nicht genug den Leuten einprägen, daß sie sich nie über die Richtungs-Linie stellen, sondern lieber etwas zurük bleiben, denn dieser Fehler hat die nachtheiligsten Folgen in der Richtung eines Bataillons.

Wenn das Glied gerichtet ist, wird commandirt:

Steht!

Auf dieses Commando bleibt jeder Mann unbeweglich stehen, wenn links ist gerichtet worden, so werden die Köpfe wieder rechts gewendet.

Rechts oder links — richt euch!

Auf dieses Commando, welches auch jedem Mann besonders geschehen wird, wird dieser das Aug nach der Richtung wenden, wird lebhaft mit kleinen Schritten zurük etwas rük wärts der Richtung treten, und sich auf die oben beschriebene Art richten.

Der Instructeur wird Obacht haben, daß die Soldaten immer in der Richtung die vorgeschriebene Stellung beibehalten, niemalen den Kopf vornehmen, wie auch denselben nicht zu viel nach der Seite, nach welcher gerichtet wird, hinwenden, damit die entgegen gesezte Schulter nicht vorkomme, welcher Fehler auf das sorgfältigste zu vermeiden ist.

Von den Schwenkungen

In dem ersten Unterricht der Schwenkungen wird man immer im ordinairen Schritt schwenken lassen, um die Grundsäze desto besser einschärfen zu können, und einen Corporal oder dressirten Soldaten auf den schwenkenden Flügel stellen, um die Schwenkung zu führen.

Mit Pelotons } **rechts!**
oder **oder**
Sections } **links!**

Marsch!

Auf das Commando: Marsch! tritt man im ordinairen Schritt an, und wirft die Köpfe frisch nach dem schwenkenden Flügel die Leuthe werden sich nach der Augen- Linie der jenigen richten, welche über ihnen nach dem schwenkenden Flügel zu stehen.

Der Mann, wo auf dem stehenden Flügel stehet, marquirt nur den Schritt auf der Stelle, der Mann, wo den schwenkenden Flügel führet, macht den Schritt von 24. Zoll, die andern Mann machen die Schritt kleiner nach der Proportion, in der sie von dem Schwenkungs-Punkt entfernet sind, man wird sie bei den ersten Unterrichtungen lange um den nemlichen Schwenkungs = Punkt herum schwenken lassen, damit die Soldaten die besondere Aufmerksamkeit recht kennen lernen, die bei denen Schwenkungen erfordert wird.

Peloton Halt!

Auf das Commando: Halt! bleibt man auf der Stelle stehen und wendet den Kopf rechts.

Richt Euch oder links richt Euch!

Auf dieses Commando richtet man sich rechts oder links, je nachdem das eine oder andere commandirt wird.

Bei denen Schwenkungen ist zu observiren, daß die Soldaten die Köpfe nicht zu viel drehen, damit die Schultern immer grad im Glied bleiben, daß sie sich immer nach dem Schwenkungs = Punkt angeführet halten ohne den linken Ellenbogen oder den rechten Arm

vom Leib zu bringen, daß sie in Ansehung der
Stellung des Leibs und des Gewehrtragens
das nemliche beobachten, was ihnen im Marsch
vorwärts ist vorgeschrieben worden, mit dem
Unterschied der verschiedenen Länge des Schrittes, und der Richtung nach dem schwenkenden
Flügel, indem zugleich nach dem stehenden Flügel die Fühlung muß gehalten werden.

Nachgehends wird man denen Leuten lernen im Marschiren zu schwenken, sowohl nach
der Seite hin, wo die Fühlung ist, als auch
nach der entgegengesezten Seite.

Wenn es nach der entgegengesezten Seite
ist, so wird commandirt:

Rechts oder links — schwenkt!

Marsch!

Auf das Commando: Marsch! wird
angetreten; die Schwenkung macht sich als
wie es ist vorher vorgeschrieben worden, ausgenommen, daß die Fühlung muß nach dem
schwenkenden Flügel gehalten werden, wie auch
die Richtung, und daß der stehende Flügel anstatt sich auf der Stelle zu rühren, den Schritt
von sechs Zoll macht.

Um wieder grad aus zu marschiren, wird
commandirt:

Vorwärts!
Marsch!

Auf dieses Commando wird wieder grad
aus marschirt.

Die Schwenkung nach dem Flügel zu, wo die Fühlung ist, zu machen, wird commandirt:

Rechts oder links — schwenkt!

Marsch!

Auf das Commando: Marsch! wirft der den Flügel führende Corporal sich lebhaft auf dem Absaz herum, und marschirt im ordinairen Schritt in der Direction hin, wo ihm ist gegeben worden; Auf das nemliche Commando nehmen alle Leuthe die Schulter vor, welche derjenigen Seite entgegen gesezt ist, nach welcher die Schwenkung geschiehet, und treten im geschwinden Schritt an, wie sie nach und nach in die Richtung des den Flügel führenden Corporals kommen, nehmen sie den ordinairen Schritt wieder mit selbigem.

Wenn die Schwenkung aus ist, so wird commandirt: Tritt! worauf die Leuthe den ersten Schritt lebhaft marquiren.

Dieses Commando's wird man sich allezeit bedienen, wenn eine Troupp, die in Bataille oder Collonne marschirt, mit Nachläßigkeit marschirt, um daß der Schritt wieder in die gehörige Lebhaftigkeit und Ordnung gebracht werde.

Wenn die Recrouten in all denen vorgeschriebenen Theilen werden vollkommen unter-

richtet seyn, so thut man sie in das Instruc-
tions-Peloton, worinnen man ihnen diejenige
Fertigkeit und Vestigkeit beibringen wird, die
man von einem wohlgeübten Soldaten fordert,
um in dem Bataillon exerciren und manoeuvriren zu können.

Dieses Instructions Peloton ist componirt
von allen Recrouten, wo vollkommen in den
10 vorgeschriebenen Lectionen dressirt sind; ferner von denen Soldaten, so entweder durch
lange Abwesenheit oder Krankheit Unterricht
nöthig haben, und auch von denenjenigen,
welche durch begangene Fehler beim exerciren
und manoeuvriren hierzu werden condemnirt
werden.

Zu diesem Peloton theilt man ein die neu
angehende Unterofficiers, Corporals und Gefreiter, giebt ihnen Pelotons, und Sections zu
commandiren, und stellt sie in Serrefilles, um
ihnen die Fertigkeit beizubringen, welche sie in
denen verschiedenen Fällen im exerciren und
manoeuvriren nöthig haben.

Zu diesem Peloton können auch ebenfalls
die neuen Officiere eingetheilt werden, und das
in der nemlichen Absicht.

Dieses Peloton wird in allem dem unterrichtet werden, was bei dem Unterricht der
Compagnien wird vorgeschrieben werden.

Dieses Peloton muß einem erfahrnen Adjutanten oder Officier anvertraut werden; der

Unterricht dieses Pelotons gehet auch auſſer der Exercierzeit beſtändig fort, ſo viel es das Wetter erlaubet, und iſt ein weſentliches Stük mit dem exerciren der Parade, wodurch ein Regiment in gutem Stand erhalten wird.

Die Herrn Staabsofficiers können nicht genug Obſicht darauf haben.

Vierter Titul.

Von dem Unterricht der Compagnien.

Die Compagnien, wenn ſie zum exerciren ausrukken, werden allezeit ſo formirt, als wie ſie es in dem Bataillon ſeyn ſollen.

Der Hauptmann wird ſeine Compagnie ſelbſt commandiren und wird die Officiers und Unterofficiers eintheilen, daß jedes Peloton einen Commandanten habe, und auch die Serrefilles, ſo viel es nöthig beſetzt ſind.

NB. wenn von dem Inſtructeur wird geſprochen werden, iſt es der Hauptmann oder der Officier, der wo an ſeiner Stelle die Compagnie commandirt.

Articul L.

Die Glieder öfnen.

Die Compagnie oder Division auf drei geschlossenen Glieder rangirt, gerichtet und das Gewehr beim Fuß habend, so wird der Instructeur den Serrefille, der nächst hinter dem linken Flügel schliesset, auf den linken Flügel des ersten Gliedes stehen machen und den zweit nächsten auf den linken Flügel des dritten Gliedes, vor welches zu verrichten, er commandirt:

Rotten — voll!

Hierauf commandirt er:

1.

Division!

2.

T'Achtung!

3.

Schultert — Gewehr!

4.

Rükwärts — öfnet euch!

Auf das vierte Commando, machen beide Pelotons-Chefs, die zwei Gefreite, wo hinter ihnen im dritten Glied stehen, rechts um kehrt wie auch die zwei Serrefilles, wo auf dem

dem linken Flügel an dem ersten und dritten Glied stehen, und alle Serrefilles, und treten sogleich im ordinairen Schritt an, die aus dem ersten Glied machen vier Schritte, die aus dem dritten Glied sechs Schritte die Serrefilles ebenfalls sechs Schritte zurük; diese Schritte müssen wohl gemessen seyn. Sie machen alle links um.

Der Instructeur begibt sich auf die rechte Flanque und sieht nach, ob sie alle paralell mit dem ersten Glied stehen, und bessert ihre Richtung aus, wenn es nöthig ist, und commandirt:

Marsch!

Die Officiers, Unterofficiers, und Serrefilles welche die Richtung bezeichnen, machen auf dieses Commando vorwärts Front, das zweite Glied macht acht geschwinde Schritte rükwärts, das dritte Glied sechszehen Schritte, so daß sie ein wenig rükwärts derer Officiers und Unterofficiers kommen, wo die Richtung bezeichnen und rukken alsdann vorwärts in die Richtung ein; der erste Peloton-Chef richtet das zweite Glied auf den Serrefille, wo auf dem linken Flügel stehet, der Gefreiter vom rechten Flügel am dritten Glied richtet dieses Glied ebenfalls auf den Serrefille, wo auf dem linken Flügel stehet.

Wenn die Glieder gerichtet sind, commandirt der Instructeur:

F

Steht!

Auf dieses Commando treten die Pelotons-Chefs und Serrefilles, wo auf dem linken Flügel stehen, im geschwinden Schritt auf ihre gewöhnliche Plätze.

Wenn die Glieder geöfnet sind, so revidirt der Instructeur die Stellung derer Leuthe, er kann sich durch die zwei Pelotons-Chefs helfen lassen, welche alsdann das zweite und dritte Glied revidiren.

Articul II.

Richtung mit geöfneten Glieder.

Der Instructeur commandirt denen drei Mann vom rechten Flügel von jedem Glied zwei oder drei Schritte vor zu marschiren, vor zur Grundlage der Richtung zu dienen; er wird die Richtung auf Serrefilles dirigiren, die er zu diesem Ende wird haben auf die gehörige Distanz auf den linken Flügel treten lassen.

Wenn die Grundlage wird gestellet seyn, so commandirt der Instructeur:

Richtung Mann vor Mann!

Auf dieses Commando wird sich ein Mann nach dem andern im ordinairen Schritt auf die Richtung seines Gliedes begeben, und sich wohl richten, die Leuthe werden Achtung geben, daß sie nicht in die Richtung treten, bis der Mann, der vor ihnen ist, schon auf der Richtung stehet.

Ein Officier oder Unterofficier wird bei iedem Glied Achtung geben, daß sich die Soldaten correct richten.

Man wird auf die nemliche Art Richtungen rükwärts nehmen, wie auch schiefe, welches ebenfalls möglich ist, indeme es hier nicht auf den Vordermann ankommt, sondern nur die Soldaten im Richten zu üben.

Diese verschiedene Richtungen werden auch vom linken Flügel gemacht.

Durch die Richtungen Mann vor Mann wird der Soldat gewöhnt, sich correct zu richten, alsdann wird der Instructeur die Glieder auf einmal richten lassen, indeme er immer drei Mann jedem Glied zur Grundlage der Richtung geben wird. Hierzu commandirt er:

Rechts oder links — richt euch!

oder

Rükwärts Rechts oder links — richt euch!

Articul III.
Von denen Handgriffen.

Wenn die Glieder geöfnet sind, wird der Instructeur die Handgriffe mit dem Gewehr machen lassen, mit und ohne Bewegung, in der Ordnung, wie sie in der 7ten Lection vorgeschrieben sind, er wird nur zu Zeiten die kleine oder extra Griffe machen lassen, und sich nicht zu viel dabei aufhalten.

Er wird sich öfters auf die Flanque begeben, um die drei Glieder desto besser observiren zu können, er wird auch die Wendungen mit geöfneten Glieder machen lassen.

Articul IV.
Die Glieder zu schliessen.

Der Instructeur wird commandiren:

1.

Schließt Euch!

2.

Geschwinder Schritt!

3.

Marsch!

Auf das dritte Commando schliessen die Glieder im geschwinden Schritt auf den vorgeschriebenen Abstand auf; wenn sie werden gerichtet stehen; so wird commandirt:

Steht!

Will der Instructeur ruhen lassen, so commandirt er:

In Arm's — Gewehr!

oder ●

Beim Fuß—Gewehr!
Ruht!

Wenn die Richtung bei dem Ruhen soll beibehalten werden, so wird commandirt:

Auf der Stelle — Ruht!

Alsdann werden die Officiers, Unterofficiers und Soldaten die Absäzze nicht von der Stelle bringen, daß die Richtung beibehalten werde. Bei dem ordinairen Ruhen wird auch Niemand seinen Plaz verlassen ohne Erlaubniß.

Anmerkung.

Denen Serresilles oder schliessenden ist hauptsächlich aufgetragen auf die pünktliche Vollziehung Achtung zu geben. Während dem Ruhen werden sie dem Hauptmann Rapport machen von denen Soldaten, wo sie Nachlässigkeit wahrgenommen haben, damit kein Fehler ohn.

geſtraft bleibe, als welches allein die Vollkom=
menheit in der Vollziehung erhalten kann.

Articul V.

Der Inſtructeur commandirt:

1.

Diviſion!

2.

Achtung!

3.

Schultert's — Gewehr!

Der Inſtructeur wird alsdann mit ge=
ſchloſſenen Glieder richten laſſen, rechts und
links und auch ſchräge Richtungen geben, da
dieſe leztere die ſchwehreſten ſind, ſo wird er ſie
öfters repetiren laſſen.

Man wird Acht haben, daß die Soldaten
vom 2ten und 3ten Glied wol auf ihre Vor=
derleute gerichtet ſind, jede Rotte muß eine
perpendicular Linie auf dieſe des 1ſten Gliedes
machen, welches auch das 2te und dritte
Glied paralell ſeyn müſſen.

Der Inſtructeur wird ſich zu Richtung des
zweiten und dritten Gliedes Unterofficiers bedienen.
Wenn die Diviſion gerichtet iſt, ſo wird com=
mandirt:

Steht!

Wo alsdann jedermann ohnbeweglich ſtille
ſtehet.

Die sicherste Methode eine Richtung zu beurtheilen und zu berichtigen, ist sie nach der Augen Linie, und nach dieser der Schultern zu beurtheilen, indeme man vor und hinter dem Glied her siehet.

Articul VI.

Die geschwinde Chargirung.

Die geschwinde Chargirung ist diejenige, deren man sich in einem Treffen bedienet, desto nothwendiger ist es, den Soldaten wohl darinn zu üben, man wird sich also hauptsächlich damit abgeben, sobald er in denen Principiis recht ferm ist.

Man wird sich immer der Patronen von Holz oder Kleyen bedienen, und die Soldaten durch die Uibung gewöhnen mit der gröstmöglichsten Geschwindigkeit zu laden, und das ohne ein Tempo auszulassen.

Es wird commandirt:

1.

Geschwinde Chargirung!

2.

Lad's — Gewehr!

und wird verrichtet, wie solches bei dem Unterricht der Recrouten ist vorgeschrieben worden.

Der Instructeur wird Acht geben, daß die Soldaten es mit der größten Ordnung und alle Bewegungen nahe am Leib machen, und auch die Stellung wohl beibehalten.

Articul VII.

Von denen-Feuer.

Das gerade Peloton Feuer.

Der Instructeur wird commandiren:

Mit Pelotons chargiren!

Die Pelotons-Chefs begeben sich lebhaft hinter die Mitte ihrer Pelotons zwei Schritt rükwärts der Serrefilles, die Gefreiter, die hinter den Pelotons-Chefs stehen, begeben sich, wie in allen Feuern, rükwärts in die Richtung der Serrefilles.

Der Instructeur commandirt:

Chargirt!

Auf dieses Commando, commandirt der erste Pelotons-Chef:

1.

Erstes T'on!

2.

Fertig!

3.

T'an!

4.

Feuer!

Der Peloton = Chef wird zwischen dem Commando: Fertig! und T'an! ein wenig aushalten, anstatt Feuer! zu commandiren, wird zu Zeiten Sezt — ab! commandirt werden, nach dem Commando: Feuer! commandirt der Peloton = Chef: Ladt! worauf die Leuthe zugleich die Gewehr lebhaft abziehen und laden.

So wie 'ein Mann aus dem 1sten Peloton das Gewehr schultert, so commandirt der 2te Peloton = Chef:

Zweites T'on!

und so fort und observiret alles, was dem 1sten Peloton = Chef ist vorgeschrieben worden, wenn in diesem Peloton ein Mann wieder schultert, so commandirt der erste Peloton = Chef wieder 1stes T'on! so wird das Feuer wechselsweise abgenommen.

Wenn der Instructeur das Feuer will aufhören lassen, so commandirt er in Ermangelung eines Tambours.

Würbel!

Schlagt ab!

Auf das erste Commando hört das Feuer auf. Auf das zweite nehmen die Pelotons-Chefs und Gefreiter ihre Plätze lebhaft in der Schlacht-Ordnung wieder.

Die schräge Feuer rechts und links.

Die schräge Feuer werden auf die nemliche Commando's verrichtet, welche bei dem Unterricht der Recrouten sind vorgeschrieben worden.

Nota. Bei denen Peloton-Feuer werden die Pelotons-Chefs, allezeit die Numero, welches ihr Peloton im Bataillon hat, vor das Commando T'on! sezzen: als, 1tes 2tes 3tes und 4tes T'on und so weiter.

Das Glieder-Feuer.

Der Instructeur wird commandiren:

1.

Glieder Feuer!

2.

Division!

3.

Fertig!

4.

Chargirt!

Auf das 4te Commando fängt das Feuer
am rechten Flügel von jedem Peloton an: Es
kann auch, wenn die Pelotons stark sind, am
rechten Flügel von jeder Section anfangen,
jede folgende Rotte wird aber nicht eher anschlagen, als bis die, wo auf ihrer rechten ist,
das Gewehr nach dem Feuer abgezogen hat;
dieses wird nur bei dem ersten Schuß observirt, hernach schießt und ladet ieder, so geschwind er kann, in diesem Feuer muß denen
Soldaten wol anrecommandirt werden, wol
zu zielen. Auf das Commando: Glieder
Feuer! treten die Pelotons-Chefs einen Schritt
hinter das dritte Glied zurük, gegen ihrer Lükke,
die hinter ihnen stehenden Gefreiter treten zurük
in die Richtung der Serrefilles. Dieses werden sie in allen Feuer thun, die sie nicht selbst
commandiren.

Das Feuer wird aufhören auf das Commando:

Würbel!

Auf dieses: Schlagt ab! nehmen die
Pelotons-Chefs und Gefreiter ihre Plätze wieder in der Schlacht-Ordnung.

Die Feuer rükwärts.

Der Instructeur commandirt:

1.

Rükwärts chargiren!

2.

Division!

1.

Rechtsum — kehrt!

Auf das Commando: Rechts um! stellen sich die Pelotons-Chefs vor ihren rechten Flügelmann vom 1sten Glied, front gegen ihn machend, die Gefreiter, wo hinter denen Pelotons-Chefs stehen und alle schliessende marschiren im geschwinden Schritt durch die Lükke ihres Pelotons-Chefs durch und stellen sich denen Plätzen gegen über, wo sie hinter der Front einnahmen.

Auf das Commando: Kehrt! stellen sich die Pelotons-Chefs linker Hand ihres dritten Gliedes, welches iezt das erste geworden ist, und die Gefreiter stellen sich hinter sie, linker Hand des 1sten Gliedes, welches iezt das dritte geworden.

Man macht die nemlichen Feuer rükwärts, welche vorwärts gemacht werden, und ist hierbei in allen Stükken das nemliche zu beobachten.

Wenn man die Division wieder herstellen
will, wird commandirt:

1.

Herrn Ober und Unterofficiers auf eure Posten!

2.

Division!

3.

Rechts um — kehrt!

Auf das Commando: Rechts um! stellen sich die Pelotons-Chefs vor den Mann der
auf ihrer rechten ist, und machen front gegen
sie, die Gefreiter, welche hinter ihnen stehen
und die schliessende marschiren wieder lebhaft
durch die nemlichen Lükken durch und stellen
sich auf ihre gewöhnliche Plätze. Auf das Commando: Kehrt! nehmen die Pelotons-Chefs
und die hinter ihnen stehende Gefreiter ihre
Plätze wieder ein.

Anmerkungen über die Feuer.

Gewöhnlich werden die Soldaten in allen
Fällen auf halben Mann anschlagen, es seie
dann, daß man supponirt, der Feind stünde auf
einer Anhöhe oder in einer Tiefung, wo alsdann wird avertirt werden, höher oder tiefer
anzuschlagen.

Die Serrefilles werden Achtung geben, welche Leute zweimal hinter einander die lezten werden geladen haben, und werden, wenn geruhet wird, ihren Pelotons = Chefs Rapport davon machen.

Die Feuer werden allezeit mit Patronen von Holz oder Kleyen gemacht werden.

Den Soldaten muß wohl eingeprägt werden, daß wenn mit Pulver gefeuert wird, sie nach dem Schuß Achtung geben, ob Rauch aus dem Zünbloch fahrt, wenn solches nicht geschieht, ist es ein Zeichen, daß das Gewehr nicht losgegangen ist, wo alsdann der Mann aus dem Glied treten wird, um mit der Raumnadel die Zündpfanne aufzuraumen, wenn es sollte nöthig seyn.

Nach denen Feuern wird der Instructeur die Richtung wieder rectificiren.

Articul VIII.

Mit Sections und Pelotons abzuschwenken.

Um mit Sections abzuschwenken commandirt der Instructeur:

I.

Mit Sections — Rechts!

2.

Marsch!

Auf das erste Commando begeben sich die Sections = Chefs im geschwinden Schritt zwei Schritte vor die Mitte ihrer Sections, die von den geraden Sections kommen durch die Lükke, wo auf dem linken Flügel ihrer Pelotons ist, durch, der Mann vom rechten Flügel von jeder Section macht rechts um.

Auf das zweite Commando, begiebt sich der Sections = Chef von jeder Section lebhaft und durch den kürzsten Weg ausserhalb dem Punkt, wo der schwenkende Flügel soll zu stehen kommen. Jede Section macht ihre Schwenkung im ordinairen Schritt, nach dem Principe der Schwenkungen stehenden Fusses.

Auf das Commando: Marsch! fahren die Köpfe links, und auf halt! werden solche wieder rechts geworfen.

Der Chef von jeder Section commandirt:

3.

Halt!

solchergestalt, daß der linke Flügel derer Sections zwei Schritt hinter den Punkt, wo er soll zu stehen kommen, haltet, der Serresille, wo am nächsten hinter dem linken Flügel ist, begibt sich lebhaft vor diesen Flügel, und wird durch den Sections = Chef auf die Richtung gestellet, die durch ihn Sections Chef und durch den rechten Flügelmann von jeder Section bezeichnet ist, hierauf commandirt der Sections Chef.

4.

Links — richt Euch!

5.

Steht!

Auf das vierte Commando rectificirt jeder Sections Chef die Richtung seiner Section, wenn solches geschehen, commandirt er Steht! und begeben sie sich lebhaft, indeme sie dieses Commando aussprechen, zwei Schritt vor die Mitte ihrer Section.

Die Gefreiter, wo hinter denen Pelotons Chefs stehen und die Serrefilles, welche zunächst hinter denen rechten Flügel der graden Sections schliessen, begeben sich sobald sie die richtige Stellung derer rechten Flügelleute derer Sections verificirt haben, zurük in Serrefille.

Anmerkungen über die Art in Colonne abzuschwenken.

Jede Section, nachdem sie in Colonne abgeschwenkt hat, soll sich perpendiculair gestellet sn.

finden auf der Linie, wo das erste Glied in
Bataille hatte, folglich die vier Sections paralell unter sich, und sollen die drei hintere Sections den nöthigen Zwischenraum haben, um
sich in Bataille sezzen zu können.

Die Sections = Chefs' sollen nicht eher:
links richt — Euch! commandiren, als
bis die Stellung derer Serrefilles auf denen linken Flügel nach der Stellung derer rechten Flügel = Leuthe richtig ist, sie muß auch so seyn,
daß der linke Flügel = Mann einrükken kann,
ohne diesen Serrefille aus dem Plaz zu drukken.

Vor die richtige Stellung derer rechten
Flügel = Leuthe haben die Gefreiters, wo hinter
denen Pelotons = Chefs stehen, und die Serrefiles,
wo am nächsten hinter denen rechten Flügel derer graden Sections stehen, Acht zu
geben, nemlich daß diese Flügel = Leuthe richtig Rechts um gemacht haben, und folglich perpendiculair auf der Bataillen = Linie des ersten
Gliedes stehen.

Der Instructeur wird nicht eher Marsch!
commandiren, bis daß er sich versichert hat,
durch die Stellung derer Punkte, welche die
Direction ieder Section bestimmen, daß diese
Directionen paralell seynd.

Der Instructeur, wenn er sich vorwärts
oder rükwärts der Serrefilles stellet, welche auf
denen linken Flügel stehen, wird durch die

Stellung dieser Serrefilles urtheilen, ob die Bewegung ist richtig vollzogen worden, wenn diese Stellung nicht richtig ist, so werden sie solche erst im Marschiren wieder nehmen, es seie dann, daß der Instructeur die Division auf der Stelle wieder wollte in Bataille stellen; In diesem Fall wird er die Stellung dieser Serrefilles rectificiren, und die Sections an solche anrukken lassen.

Vor links abzuschwenken commandirt der Instructeur:

1.

Mit Sections — links!

2.

Marsch:

Man wird das Gegentheil observiren, als wie wenn rechts abgeschwenkt wird.

Vor mit Pelotons abzuschwenken ist das nemliche zu observiren, als wie wenn solches mit Sections geschiehet, der Instructeur commandirt alsdenn:

1.

Mit Pelotons — rechts!

2.

Marsch!

In denen Manoeuvres wird mehrentheils nur mit Pelotons abgeschwenkt werden.

In denen Manoeuvres wird allezeit im geschwinden Schritt abgeschwenkt werden, in der Instruction der Compagnien wird solches nur anfänglich im ordinairen Schritt geschehen, um die Grundsäzze besser einschärfen zu können.

Articul IX.

Wenn man mit Sections oder Pelotons in Colonne stehet, sich wieder in Bataille zu sezzen.

In Colonne den rechten Flügel vor, um sich wieder links in Bataille zu stellen, commandirt der Instructeur:

1.

Links in Bataille!

2.

Marsch!

Auf das erste Commando begibt sich der Gefreiter des vordersten Pelotons der Section, welcher in Bataille hinter dem Pelotons-Chef im Glied stehet, lebhaft vor und stellt sich auf die Richtung der Serrefilles, wo auf denen linken Flügel stehen und macht front gegen dieselbe, er muß eher weniger als zuviel Distanz nehmen, daß, wenn eingeschwenkt wird, ein Mann des rechten Flügels des Pelotons oder Section mit seiner Brust gegen seinen linken Arm zu stehen komme.

Auf das zweite Commando machen die linke Flügelleuthe aller Sections oder Pelotons links um. Die Chefs derer graden Sections und die auf denen linken Flügel stehende Serre-filles bei denen ungraden Sections treten lebhaft in Serrefilles zuruk; die Führer derer graden Sections bleiben stehen, die Pelotons = Chef gehen lebhaft auf die rechten Flügel ihrer Pelotons, die Sections schwenken im ordinairen Schritt in Bataille durch die Grundsäzze der Schwenkungen stehendes Fusses.

Die Pelotons = Chefs commandiren:

3.

Halt!

In dem Augenblik, da die rechten Flügel der Sections noch zwei Schritt von der Richtungs = Linie sind.

Die Peloton = Chefs commandiren:

4.

Rechts — richt euch!

und richten ihre Pelotons auf die linken Flügelleuthe, welche wider die vorstehende Serre-filles stehen, und commandiren alsdann:

5.

Steht!

Wann die Division gerichtet ist, commandirt der Instructeur:

Unterofficiers — eingerutt!

worauf die Serrefilles auf ihre gewöhnliche Plätze in der Schlachtordnung zurük treten.

Der Instructeur, der sich vorwärts auf die Directions-Linie wird gestellet haben, wird von da aus die Stellung der auf dem linken Flügel stehenden Serrefilles beurtheilen, und nicht eher Marsch! commandiren, bis daß dieser ihre Stellung richtig ist.

Vor sich in Bataille zu stellen, wenn der linke Flügel vor ist.

Commandirt der Instructeur:

Rechts — in Bataille!

Marsch!

Man wird das Gegentheil observiren, was vorgeschrieben ist, wenn der rechte Flügel vor ist.

Der Serrefille von der vordersten Section, auf das Commando: Rechts—in Bataille! observirt, was dem Gefreiter vorgeschrieben

worden ist, wenn links in Bataille geschwenkt
wird.

Die Pelotons = Chefs gehen vor denen rechten Flügel ihrer graden Sections vorbei, um
sich auf ihre linken Flügels zu stellen, um die
Schwenkung zu führen und commandiren:
Links — richt euch! und hernach: Steht!
worauf die Köpfe rechts fahren. Auf das Commando: Unterofficiers eigerukt! gehen die Pelotons = Chefs auf die rechten Flügel ihrer Pelotons.

Anmerkung.

In Colonne werden die Pelotons = oder
Sections = Chefs, nachdeme mit den einen oder
andern Abtheilungen abgeschwenkt ist, die Commando's: Marsch! und Halt! mit der größten Lebhaftigkeit repetiren, und in dem nemlichen Augenblik, da sie von dem Instructeur
ausgesprochen worden.

Articul X.
Marsch in Colonne.

Wenn die Division mit Pelotons rechts
abgeschwenkt ist, so begibt sich der Instructeur
ohngefehr 20 Schritte vorwärts in der Richtung der Serrefilles, wo auf denen linken Flügeln stehen, Front gegen sie machend und zeigt
dem ersten an, daß die Directions = Linie zwischen seinen Absäzzen durchstreiche und daß er

sich in dieser Direction Punkte auf der Erde aussuchen soll, um sich darnach zu dirigiren.

Er sagt dem Zweiten, daß er sich gerade hinter dem ersten halten, und so zu sagen in seine Fußstapfen treten, und immer die gehörige Distanz beibehalten soll, um sich in Bataille zu stellen.

Der Instructeur commandirt:

1.

Division vorwärts!

2.

Marsch!

Auf das zweite Commando, welches lebhaft von denen Pelotons = Chefs repetirt wird, treten sie sowohl, wie ihre Züge lebhaft an, so daß beide Züge zugleich den linken Fuß ausstoßen: die auf denen linken Flügel marschirende Serrefilles müssen besonders ihre Tritte sehr regelmäßig und lebhaft machen.

Anmerkung.

Der Serrsille von der Tete, es seie, daß man ihm eine Direction gegeben habe, oder daß er sie selbsten wird genommen haben, wird sich immer Punkte auf der Erde nehmen, er wird zwei nehmen, die 15 bis 20 Schritte entfernt sind von einander, wie er sich dem ersten nähert, so wird er sich ſchon einen dritten ausſuchen, der in der nemlichen Richtung iſt, und ſo fort.

Der Zweite hat nur nöthig, ſich in der Richtung des erſten zu halten und ſeinen Fußſtapfen zu folgen. Wenn ſich der Tritt ſollte vernachläßigen, ſo commandirt der Inſtructeur:

T' Achtung!

Tritt!

wo alsdann der Tritt wieder lebhaft marquirt werden muß.

Wenn der den Flügel führende Serrefille zuviel oder zu wenig Diſtanz hätte, ſo muß er ſolche unmerklich nach und nach zu gewinnen ſuchen, damit keine Ungewißheit in dem Marſch entſtehet, ſo wenn auch einer nicht in der Direction wäre, ſo muß er ſie nach und nach wieder gewinnen und niemalen ſich auf einmal rechts oder links werfen.

Uiberhaupt die Direction des Marſches und die genaue Beibehaltung der Diſtanz dependirt von ihnen und ſie werden davor haften.

Articul XI.
Von der Veränderung der Marſch-Direction.

Um die Direction links zu verändern, ſo avertirt der Inſtructeur dem erſten Pelotons-

Chef, daß er links schwenken soll, welcher so
fort commandirt:

1.

Links — schwenkt!

2.

Marsch!

Auf das zweite Commando wird solches
verrichtet, wie es in der 10ten Lection vom
Unterricht der Recrouten ist vorgeschrieben worden.

Wie die Schwenkung aus ist, commandirt der Pelotons-Chef:

Tritt!

damit der Tritt wieder lebhaft fortgesetzt
werde.

Das zweite Peloton schwenkt auf die nemliche Art und auf dem nemlichen Plaz, wo das
vorhergehende geschwenkt hat.

Wenn der Instructeur eine neue Direction
geben will, so wird er sie anzeigen.

Soll rechts geschwenkt werden, so avertirt der Instructeur den vordersten Pelotons-
Chef, welcher commandirt:

Rechts — schwenkt!

Marsch!

welches ebenfalls geschiehet, wie solches in der
roten Lection ist angewiesen worden.

Wenn die Schwenkung aus ist, so commandirt der Pelotons-Chef:

Tritt!

worauf das ganze Peloton wieder egal vor tritt.

Das zweite Peloton macht seine Schwenkung auf dem nemlichen Flek, wo die vorhergehende geschwenkt hat.

Anmerkung.

Wenn die Schwenkung nach der entgegengesezten Seite der Richtung ist, so soll der Unterofficier, der auf dem schwenkenden Flügel
marschirt die Augen auf das Peloton werfen,
damit er in seinem Schwenkungs-Zirkel das
nöthige Terrein nehmen, das Glied nicht ge-
drängt wird, und er auch den Bogen nicht zu
groß nehme.

Der Mann wo auf dem stehenden Flügel
marschirt, soll den Schritt von sechs Zoll machen, damit das folgende Peloton nicht aufgehalten werde.

Der Unterofficier, wo den Flügel des folgenden Pelotons führt, soll genau seinem Vor-

dermann folgen, damit er nicht in den Fehler
falle, daß er sich über die Richtung hinaus
werfe, welches in einer Colonne viel Terrein
und Distanz verliehren macht.

Der Instructeur kann an den Plaz, wo
er das erste Peloton hat schwenken lassen, einen Unterofficier hinstellen, damit das folgende
auf dem nemlichen Flek schwenke.

Alles was ist vorgeschrieben worden vor
eine Colonne die rechts abgeschwenkt hat, soll
entgegen gesezt observirt werden, wenn solche
links abgeschwenkt hat.

Articul. XII

Die Pelotons zu formiren und mit Sections abzubrechen.

Wenn eine Division mit Sections rechts
abgeschwenkt im Marsch ist, und man will die
Pelotons formiren, so commandirt der Instructeur:

1.

Formirt die Pelotons!

2.

Marsch!

Das zweite Commando repetiren alle Sections-Chefs, und auf dieses Commando ziehen

die ungraden Sections sich rechts seitwärts,
und die graden links seitwärts, so wie die graden Sections = Chefs sehen, daß ihre ungrade
Section sie eben demasquiren will, so commandiren sie:

Geschwinder Schritt!

und in dem Augenblik, wo ihre Section demasquirt ist,

Marsch!

Auf das Commando: Geschwinder Schritt!
repetiren die ungraden Sections = Chefs:

Grad aus!

und commandiren zugleich mit den graden Sections = Chefs:

Marsch!

Auf dieses Marsch! marschiren die ungraden Sections grad aus und die — die linken
Flügel bedekkende Serrefilles dieser Sections gehen zum schliessen zurük.

Die graden Sections treten auf das:
Marsch! im geschwinden Schritt an. Wie
ihre Chefs an das dritte Glied der ungraden
Sections angerukt seyn, commandiren sie:

ordinairen Schritt!

und in dem Augenblik, daß ihr erstes Glied in die Richtung des ersten Gliedes der ungraden Sections kommt, commandiren sie:

Marsch!

Wie sie dieses Commando ausgesprochen haben, so gehen sie auf die linken Flügels der Pelotons, die Serrefilles, wo da marschirten, gehen zum schliessen zurük, die Pelotons-Chefs ziehen sich vor die Mitte der Pelotons.

Will man die Division formiren, so commandirt der Instructeur:

1.

Formirt die Division!

2.

Marsch!

Die zwei Pelotons verhalten sich hierbei eben so; als wie die zwei Sections von dem nemlichen Peloton, wenn man die Pelotons formirt, ausgenommen, daß der Chef des zweiten Pelotons in dem Augenblik, da er nach dem Commando:

ordinairen Schritt!

Marsch!

commandirt hat, sich in das Glied auf dem rechten Flügel seines Pelotons begibt.

Um mit Pelotons eine Division abbrechen zu lassen, wo supponirt wird, daß sie rechts abgeschwenkt seie, commandirt der Instructeur:

1.

Mit Pelotons brecht ab!

2.

Marsch!

Bei dem ersten Commando springt der Divisions-Chef vor die Mitte des ersten Pelotons, und der Chef des zweiten Pelotons vor die Mitte des 2ten Pelotons.

Bei dem zweiten Commando, welches vom ersten Pelotons-Chef repetirt wird, rührt sich das zweite Peloton auf der Stelle, damit das erste vorkommen kann; das erste marschirt links seitwärts, um vor das zweite zu kommen, und das zweite rechts seitwärts um hinter das erste zu kommen, wozu der zweite Pelotons-Chef, in dem Augenblik, da der erste: Marsch! commandirt hat, commandirt:

Rechts seitwärts!

und wie sein Peloton Plaz hat, commandirt er:

Marsch!

Sobald die Flügel-Rotten beider Pelotons gerade hinter einander sind, so comman-

dirt der zweite Pelotons = Chef, welcher es besser
observiren kann:

1.

Grad aus!

2.

Marsch!

welches der erste Pelotons = Chef lebhaft repetirt.

Bei dem ersten Peloton muß der Schliessende, wo zunächst hinter dem linken Flügel
schliesset, so wie er Plaz hat, auf den linken
Flügel des 1sten Pelotons treten.

Sollen die Pelotons mit Sections abbrechen, so commandirt der Instructeur:

1.

Mit Sections brecht ab!

2.

Marsch!

Bei dem ersten Commando tritt der Schliessende, so am nächsten hinter der zweiten Section schließt, vor seine Section. Uibrigens
verhalten sich die Sectionen, wie es mit dem
Abbrechen in Pelotons ist vorgeschrieben worden.

Anmerkung.

Wenn umgekehrt eine Division einen Theil einer links abmarschirten Colonne ausmacht, so kann man zwar auf die nemliche Art ab- brechen und aufmarschiren, doch mit dem Un- terschied, daß das zweite Peloton vor das erste kommt, wann in Pelotons abgebrochen wird, und eben so die zweite Sections vor die ersten, wenn in Sections abgebrochen wird; so auch beim Aufmarschiren muß das zweite Peloton die erste Demasquiren und so auch die Sec- tions.

Articul XIII.

Wenn man in Sections oder Pelo- tons in Colonne ist, seitwärts zu marschiren.

Commandirt der Instructeur:

1.

Rechts — seitwärts!

2.

Marsch!

Auf das zweite Commando, welches von allen Pelotons-oder Sections-Chefs repetirt wird, wird rechts seitwärts marschirt.

Vor

Vor wieder gradaus zu marschiren, commandirt der Instructeur:

1.

Abwärts!

2.

Marsch!

Auf das zweite Commando, so ebenfalls repetirt wird, marschiren die Pelotons oder Sections grad aus.

Observation.

Wann in Colonne seitwärts marschirt wird, wird allezeit die Fühlung nach der Seite gehalten, wo die Serrefilles, welche die Direction halten, marschiren, und die Köpfe bleiben auch dahin gedrehet, es mag rechts oder links seitwärts marschirt werden.

Wenn daher diese Serrefilles ihre Schultern nicht allezeit in der nemlichen Linie behielten, so würden sie durch ihre falsche Stellung denen Pelotons oder Sections falsche Richtungen geben.

Der Marsch würde nicht paralell mit der vorhergehenden Marsch=Direction bleiben, die Queue der Colonne würde sich werfen, und wenn sie im Gradausmarschiren die Direction wieder

H

nimmt, so würde diese sich nicht mehr paralell mit der ersten Direction befinden.

Der Instructeur wird sich vor= oder rük= wärts der Flügel führenden Serrefilles bege= ben und auf ihre Direction, um zu urtheilen, ob die vorgeschriebene Grundsäzze observirt wer= den.

Articul XIV.

Die Colonne halten zu lassen.

Die Colonne im Marsch, der rechte Flü= gel vor; so commandirt der Instructeur:

1.

Division!

2.

Halt!

Auf das zweite Commando, welches leb= haft von denen Sections= oder Pelotons= Chefs repetiret wird, halten sie alle, die auf denen linken Flügeln marschirende Serrefilles stehen, und wenn sie auch schon ihre Distanz verlohren hätten, oder nicht auf der Direction stünden.

Auf das Commando: Halt! werfen die Sections die Köpfe rechts.

Wann die Colonne haltet, begibt sich der Instructeur auf die Richtung der die Sec= tions führenden Serrefilles, wird, wann es nö=

thig ist, ihre Stellung rectificiren, und commandirt hernach:

Links — richt euch!

Worauf die Köpfe links geworfen werden, und alle Sections-Chefs begeben sich lebhaft auf die linke Flanque ihrer Sections auf zwei Schritt ab von denen Führenden, und richten ihre Sections auf die Schulter-Linien dieser führenden Serrefilles.

Wenn sie gerichtet sind, commandirt ieder Sections-Chef:

Steht!

Die führenden Serrefilles werden Achtung geben auf das Commando: Halt! auf den Instructeur zu schauen.

Articul XV.

Die Colonne im Marsch mit Pelotons oder Sections abgeschwenkt und man will die Front durch Abbrechung der Rotten vermindern.

Wenn die Colonne im Marsch ist, der rechte Flügel vor und man supponirt, daß die Enge des Wegs nicht mehr erlaubt mit ganzer Front der Abtheilungen durch zu marschiren, so avertirt der Instructeur den vordersten Pelotons-Chef oder Sections-Chef, daß er soll Rotten abbrechen lassen.

H 2

Dieser Chef commandirt:

1.

Eine Rotte vom linken Flügel bricht ab!

2.

Marsch!

Auf das zweite Commando marquirt die Rotte den Schritt, der Mann vom dritten Glied ziehet sich rechts hinter die dritte Rotte vom linken Flügel an, der Mann vom 2ten Glied hinter die zweite Rotte und der vom 1sten Glied hinter die erste Rotte. Will er noch eine Rotte abbrechen lassen, so geschiehet es auf die nemliche Weise.

Die Rotte, die schon abgebrochen hat, marquirt den Schritt und die wo nach ihr abbricht zwischen ihr und dem dritten Glied Plaz zu lassen. Man kann auf diese Art so viel Rotten als man will, abbrechen lassen, bis daß der ganze Zug in der Flanque ist.

Will man auf einmal mehrere Rotten abbrechen lassen, so commandirt der erste Sections-Chef p. Ex.

1.

Drei Rotten vom linken Flüge brecht ab!

2.

Marſch!

Dieſes wird auf die nemliche Art verrichtet, als wie wenn eine Rotte abbricht.

Alle folgende Sections oder Pelotons werden die Rotten auf die nemliche Art abbrechen
laſſen, wie die erſte, und die Sections ɔ Chefs
die Commando's auf dem nemlichen Flek thun,
wo der vorhergehende commandirt hat; zu dieſem Ende kann der Inſtructeur einen Serrefille auf den Flek ſtellen, wo abgebrochen werden ſoll.

Bei einer links abmarſchirten Colonne wird
auf dem rechten Flügel auf die nemliche Art
abgebrochen werden, wie es hier von dem linken
iſt vorgeſchrieben worden.

Um die Rotten wieder einrükken zu laſſen,
wird der Inſtructeur commandiren laſſen:

1.

Eine Rotte vom linken Flügel in die Linie!

2.

Marſch!

Auf das zweite Commando rukt die Rotte,
wo zulezt abgebrochen hat, in die Linie, die

folgende rukken auf das dritte Glied an. So
kann man eine Rotte nach einander oder alle
Rotten zugleich in die Linie rukken laſſen, die
Rotten verrichten dieſes ſm geſchwinden Schritt.

Anmerkung.

Die Serrefilles, wo auf der Flanque marſchiren, wo abgebrochen wird, rukken an das
Glied an, wie eine Rotte abbricht, und ſo machen ſie auch wieder Plaz, wenn die Rotten
wieder einrukken.

Die Bewegung Rotten abbrechen zu laſſen
und ſo auch ſie wieder einrukken zu laſſen, wird
mit der gröſeſten Accurateſſe vollzogen werden,
damit die folgende Section nicht in ihrem Marſch
aufgehalten werde. Die angehängte Rotten
werden auch aus dieſer Urſache wohl geſchloſſen
marſchiren, damit die folgende Troupp keine
Diſtanz verliehre.

Der Inſtructeur wird ſich auf der Seite
halten, wo er Rotten abbrechen läßt, vor zu
urtheilen, daß die Bewegungen exact gemacht
werden.

Der Inſtructeur wird alle Bewegungen,
wo grad vorwärts gehen in Colonne, bald mit
dem Gewehr im Arm, bald mit dem Gewehr geſchultert machen laſſen, um daß ſich der
Soldat nicht in der Poſition und Gewehrtragen negligire, worauf der Inſtructeur
ſehr zu ſehen hat.

Wenn seitwärts marschirt wird, oder daß man nach der entgegengesezten Seite von der Direction schwenkt, wird er allezeit das Gewehr tragen lassen.

Articul XVI.

Von dem Marschschritt und der Art, wie auf einer Marschroute marschirt werden soll.

Wenn die Division mit Sections rechts abgeschwenkt marschirt, das Gewehr im Arm tragend, so commandirt der Instructeur:

1.

Marsch-Schritt!

2.
Marsch!

Auf dieses Commando nehmen das zweite und dritte Glied eines jeden Zugs gleich einen Schritt Distanz mehr als die Glieder haben sollen, wenn sie geschlossen sind, der Soldat braucht nicht mehr den Tritt zu halten, kann auch sein Gewehr nach seiner Gemächlichkeit auf der rechten oder linken Schulter tragen, nur daß die Mündung allezeit oben bleibt, es seie dann, daß das Baionet nicht auf dem Lauf seie und daß das Gewehr verkehrt Schulter zu tragen ist commandirt worden. Die Rotten marſchiren mit Bequemlichkeit, nur muß man nicht zugeben, daß die Glieder durch einander laufen, noch daß ſie den erlaubten Abſtand von drei Schuh vergröſſern.

Jeder Officier, der einen Zug führet, bleibet zween Schritte vor deſſen Mitte.

Die Unterofficiers, wo auf der Flanque des Gliedes in der Direction marſchiren, haben hier zwar nicht mehr auf eine gerade Direction Acht zu geben, denn ſie folgen den Krümmungen des Wegs : Ihnen lieget aber auf, auf die beſtändige Beibehaltung der Diſtanz Acht zu geben, weßwegen ſie ſolche allezeit auf den ihnen vormarſchirenden Officier oder Unterofficier zu halten haben, daß in iedem Augenblik, wenn Halt! ſolte commandirt werden, die exacte Diſtanz zum Einſchwenken ſich zwiſchen iedem Zug befinde.

Ferner liegt ihnen noch auf, den Schritt von 80 in der Minute und von zwei Schuh zu machen, beſonders der, wo auf der Flanque der erſten Abtheilung marſchirt, ſoll allezeit dieſen Schritt ſehr exact machen, weßwegen auf einem wirklichen Marſch dieſer Officier oder Unterofficier, damit die Fatique vor ihn nicht zu ſtark werde, wird abgelöſt werden.

Wenn die Breite des Weges nicht erlaubt, mit der ganzen Breite der Section durch zu marſchiren, und man Rotten abbrechen laſſen muß, so läßt man an den vordern Zug vorher commandiren:

T'Achtung!

Auf welches Commando die Pursche das Gewehr in Arm nehmen oder verkehrt schultert; wenn solches so ist commandirt gewesen, und die Glieder schliessen auf, hierauf wird commandirt:

1.

Ordinairen Schritt!

2.

Marsch!

Worauf der Zug den ordinairen Schritt antritt, und alsdann läßt man die nöthige Rotten abbrechen, durch das vorgeschriebene Commando.

Die folgende Züge observiren das nemliche und auf dem nemlichen Flek.

Wie der Weg wieder breiter wird, so läßt man die Rotten wieder aufmarschiren. Die auf den Flügel marschirende Unterofficiers bleiben immer im Abbrechen und wieder Aufmarschiren an dem Flügel des ersten Gliedes.

Wie die Section wieder aufmarschirt ist, so commandirt der Sections-Chef:

Ruht!

worauf die Glieder wieder den vorigen Abstand nehmen, und wieder mit der nemlichen Freiheit marschiren.

Der Instructeur wird öfters in dem Marsch-Schritt ohnvermuthet Division! Halt! commandiren, worauf die Glieder aufschliessen und das Gewehr getragen wird. Er wird darauf halten, daß auf das Commando: Halt! alle Officiers und Unterofficiers, so an den ersten Gliedern auf der Directions-Flanque marschiren, wie auch die ersten Glieder ohnbeweglich stehen, und wird sich an diese Officiers und Unterofficiers halten, wo ihre Distanz verlohren hätten, er kann links richt euch! commandiren, Vorderleuthe nehmen, wenn er es vor gut befindet, und auch in Bataille schwenken lassen.

Articul XVII.

Der Flanquen-Marsch.

Vor in der rechten Flanque zu marschiren, commandirt der Instructeur:

1.

Division!

2.

Rechts — um!

3.

Marsch!

Auf das zweite Commando macht die Division rechts um, die Gefreiter, wo hinter den Pelotons-Chefs im dritten Glied stehen, stellen sich vor den rechten Flügelmann des Pelotons ins erste Glied, die Pelotons-Chefs stellen sich neben sie, die Serrefilles schliessen gegen das dritte Glied.

Auf das dritte Commando marschirt die Division vorwärts; vor in dem Flanquen-Marsch die Direction des Marsches zu verändern commandirt der Instructeur:

1.

Mit Rotten rechts oder links!

2.

Marsch!

Die Rotten werden die Schwenkung machen nach dem Grundsaz, der in der 10ten Lection vom Unterricht der Recrouten ist vorgeschrieben, wo der Mann auf dem Schwenkungs-Punkt den Schritt von sechs Zoll macht.

Um die Division halten zu machen, commandirt der Instructeur:

1.

Division!

2.

Halt!

3.

Front!

Auf das zweite Commando bleibt die Division stehen, auf das dritte macht sie Front, die Pelotons=Chefs treten auf ihre Bataille Plätze ein und die Gefreiter treten zurük in das dritte Glied.

Der Instructeur commandirt:

Rechts oder links richt — euch!

wenn gerichtet ist, commandirt er!

Steht!

wenn links ist gerichtet worden, fahren die Köpfe rechts.

Anmerkung.

In dem Flanquen=Marsch werden die Burssche aus dem ersten Glied ihrem Vordermann in den Nakken schauen, die vom zweiten und

dritten Glied schauen auf ihren Vordermann im
ersten Glied, um allezeit in der Rotte gerichtet
zu bleiben.

Der Instructeur wird im ordinairen Schritt
und zu Zeiten im geschwinden Schritt in der
Flanque marschiren lassen, und besonders Acht
geben, daß in denen Schwenkungen kein Auf-
halt geschiehet.

Wenn die Division in der linken Flanque
marschirt, so wird der Serrefille, wo zunächst
am linken Flügel schliesset vor den ersten Mann
des ersten Gliedes des linken Flügels treten, der
zweite Pelotons = Chef stellt sich auf den linken
Flügel seines Pelotons an den Gefreiter, wo
in des zweiten Pelotons = Chefs Plaz marschirt.

Articul XVIII.

Wenn die Division in der Flanque marschirt, die Pelotons zu formiren.

Der Instructeur commandirt:

1.

Pelotons in die Linie!

2.

Marsch!

Auf das zweite Commando begibt sich der Pelotons-Chef nach der Mitte seines Pelotons.

Der Gefreiter, wo vor dem rechten Flügel ist, marschirt grad aus, die Rotten begeben sich auf das zweite Commando im geschwinden Schritt nach und nach in die Linie, und werfen im Vormarschiren die Köpfe rechts, ieder Mann nimmt den ordinairen Schritt, wie er in die Linie kommt.

Wenn das Peloton formirt ist, commandirt dessen Chef:

Köpfe — links!

worauf der nächste Serrefille auf den linken Flügel tritt und die Köpfe links geworfen werden. Hierauf wird er commandiren:

Tritt!

worauf der Tritt wieder lebhaft marquirt wird.

Anmerkung.

Die Soldaten, indeme sie die Pelotons formiren, sollen nicht zuviel links halten.

Wenn die Bewegung auf der linken Flanque gemacht würde, so würde sie auf die nemliche Art aber entgegen gesezt verrichtet.

Articul XIX.

Eine Colonne mit Pelotons abgeschwenkt sich rechter oder linker Hand in Bataille zu stellen.

Vor sich rechter Hand in Bataille zu stellen, wenn rechts abgeschwenkt ist, so wird der Instructeur zuvor durch zwei Mann die Linie bestimmen, auf welcher die Division aufmarschiren soll. Der erste bestimmt den Punkt, an welchem der rechte Flügel apuiren soll, er wird so gestellet, daß er die rechte Schulter dem aufmarschirenden Peloton präsentirt, der zweite wird auf Pelotons-Distanz von ihm gestellet.

Der Instructeur, einige Schritte vorher er in die Höhe des Punkts kommt, wo er seinen rechten Flügel apuiren will, commandirt:

1.

Division!

2.

Rechter Hand in Bataille!

3.

Köpfe rechts!

worauf die Köpfe rechts sich wenden, der Gefreiter tritt auf den rechten Flügel, der Serrefille, wo auf dem linken Flügel marschirte, tritt zum Schliessen zurük.

Der Instructeur zeigt dem ersten Pelotons-Chef den Punkt, wo er schwenken soll, welcher, ehe er an diesen Punkt kommt, commandirt:

Rechts — schwenkt!

So wie er an diesen Punkt ankommt, commandirt er:

Marsch!

Auf dieses Commando schwenkt das Peloton nach dem Grundsaz, wenn man nach dem Flügel hin schwenkt, wo die Fühlung ist, wie es in der 10ten Lection angewiesen ist; der Pelotons-Chef dirigirt den auf dem Flügel marschirenden Gefreiter auf den Mann, der den Standpunkt des rechten Flügels bezeichnet, wenn das Peloton auf zwei Schritte heran gerukt ist, so begibt er sich ausserhalb des Punkts, wo der Flügel apuiren soll, und commandirt:

1.

Peloton!

2.

Halt!

3.

Rechts — richt euch!

Auf

Auf das 3te Commando rukken der rechte und linke Flügelmann des Pelotons lebhaft vor, und stellen sich mit ihrer Brust wider die zwei Punkte, wo vorgestellet worden sind, der Uiberrest des Pelotons rukt zwischen sie ein, wenn das Peloton gerichtet ist, commandirt dessen Chef:

Sijeht!

Wenn der Chef des zweiten Pelotons in der Höhe des linken Flügels des ersten Pelotons kommt, so schwenkt er, wie es dem ersten Peloton vorgeschrieben ist, läßt sein Peloton in der Richtung des 3ten Gliedes des 1sten Pelotons halten, stellt sich vor seine Person neben den linken Flügelmann des ersten Pelotons und richtet sich wol auf ihn. Der Serrefille am linken Flügel stellet sich vor diesen Flügel in die Richtung der zwei vorgestellten Punkten und richtet sich auf sie; der zweite Pelotons-Chef commandirt alsdann:

Rechts — richt euch!

Das Peloton rukt in die Richtung auf die nemliche Art wie das erste, der Pelotons-Chef richtet sein Peloton auf seinen linken Flügelmann, nachdeme er seinem rechten Flügelmann Zeit gegeben hat, sich auf ihn selbsten zu richten.

Wenn die Division vollkommen gericht' stehet, so commandirt der Instructeur:

J

Richtung — eingerukt!

Der Serrefille vom zweiten Peloton gehet zum Schließen zurük und die zwei vorgestellte Mann treten ab.

Anmerkung.

Der Instructeur wird hauptsächlich Acht geben, daß der Serrefille vom linken Flügel sich wol auf die zwei vorderste Punkte richtet.

Wenn eine Division mit Pelotons links abgeschwenkt hat, so wird es entgegen gesezt auf die nemliche Art verrichtet. Die Pelotons-Chef begeben sich auf die linken Flügel ihrer Pelotons, und auf das Commando: Richtung — eingerukt begeben sie sich auf ihre gewöhnliche Plätze.

Die Pelotons-Chefs werden in allen Fällen Plaz geben, daß die — die Richtung marquirende Serrefilles zurük treten können.

Wenn die Officiers und Unterofficiers den Mechanismum der successiven Formation wol werden inne haben, so wird sie der Instructeur immer auf schräge Directionen stellen, als welche Stellungen in der Pratique am öftern vorkommen.

Articul. XX

Von dem Contre-Marsch.

Wenn die Division mit Pelotons links abgeschwenkt hat, und der Instructeur will contre marschiren lassen; so commandirt er:

1.

Contre-Marsch!

2.

Links — um!

3.

Mit Rotten rechts!

4.

Marsch!

Auf das zweite Commando macht der Gefreiter, wo auf dem rechten Flügel stehet, rechts
umkehrt, der Pelotons-Chef begibt sich auf
die Flanque der ersten Rotte.

Auf das 4te Commando werden die Rotten, indeme sie eine halbe Schwenkung machen,
vor dem ersten Glied vorbei geführet, und der
Pelotons-Chef macht sein Peloton halten zwei
Schritt rükwärts dem Gefreiter, indem er commandirt:

J 2

1.

Peloton!

2.

Halt!

3.

Front!

Auf das dritte Commando nimmt ein Serre-fille des linken Flügels seinen Plaz ein, und der Gefreiter, indeme er vor dem ersten Glied vor-bei gehet, stellet sich auf den rechten Flügel und der Pelotons-Chef commandirt alsdann, in-dem er sich gegen den Serrefille stellet:

1.

Links — richt euch!

2.

Steht!

Der Contre-Marsch, wenn rechts ab-geschwenkt ist, wird durch die entgegen gesezte Mittel gemacht.

Articul XXI.

Mit Pelotons rechts oder links ruk-wärts abbrechen.

Um mit Pelotons rechts rukwärts abzu-
brechen, commandirt der Instructeur:

1.

Mit Pelotons und Rotten rechts!

2.

Rechts — um!

3.

Mit Rotten rechts!

4.

Marsch!

Auf das erste Commando begibt sich der
Serrefille von jedem Peloton, wo zunächst hin-
ter dem rechten Flügel ist, lebhaft zurük etwas
mehr, wie auf Pelotons Distanz auf die erste
Rotte vom rechten Flügel gerichtet und macht
Front gegen sie.

Auf das zweite Commando macht der
Pelotons-Chef seine erste Rotte um die Breite
der drei Glieder überrükken, die folgende etwas
weniger, so daß die vierte Rotte nur die linke
Schulter etwas vorbringe.

Der Pelotons-Chef stellet sich an den
Plaz des rechten Flügelmanns und macht Front
gegen den zurükgetretenen Serrefille.

Auf das dritte Commando stellet sich der Gefreiter, wo hinter dem Pelotons = Chef im Glied stehet, vor die erste Rotte und führet sie grade auf den Serrefille zu. Die Pelotons-Chefs sehen ihre Pelotons vor ihnen vorbei ziehen, und in dem Augenblik, da die lezte Rotte sich wenden will, commandiren sie:

1.

Peloton!

2.

Halt!

3.

Front!

und stellen sich auf die Flanque des Serrefille, der auf den linken Flügel tritt und commandiren:

Links — richt euch!

Steht!

und begeben sich alsdann auf ihre Plätze vor ihren Pelotons.

Anmerkung.

Der Pelotons = Chef gibt Acht, daß der Gefreiter, welcher die Flanque führet, in der graden Direction auf den Serrefille marschirt,

wann die erste Rotte genau auf ihrem Plaz gewendt hat und die folgende wol dem Vordermann halten, so wird die Richtung der Pelotons paralell seyn.

Wenn diese Bewegung soll links gemacht
werden, so commandirt der Instructeur:

Mit Pelotons und Rotten links!

Man wird die Bewegung auf die entge-
gen gesezte Seite machen, der nächste Serrefille
vom linken Flügel führet die Rotten Schwenkung und der Pelotons = Chef begibt sich lebhaft
auf das erste Commando auf den linken Flügel,
um die Bewegung machen zu lassen, und sein
Peloton halten zu machen und es zu richten.

Articul XXII.

Zum Deployren schliessen.

Wenn die Colonne haltet, und der Instructeur will sie zum Deployren schliessen, so
commandirt er:

1.

Zum Deployren geschlossen!

2.

Marsch!

Auf das erste Commando schliessne die
Serrefilles auf einen Schritt an das dritte
Glied auf.

Auf das zweite Commando bleibt das erste Peloton stehen. Das zweite auf das Commando Marsch! welches sein Chef repetirt, tritt im ordinairen Schritt an, um auf das erste Peloton aufzuschliessen.

Der Chef des zweiten Pelotons commandirt:

1.

Peloton!

2.

Halt!

So daß auf das zweite Commando das erste Glied des zweiten Pelotons auf zwei Schritt von dem dritten Glied, des ersten Pelotons zu stehen komme.

Indeme er sich auf die linke Flanque seines Pelotons begibt, commandirt er:

1.

Links — richt euch!

2.

Steht!

und begibt sich vor die Mitte seines Pelotons in die Richtung der Serrefilles des ersten Pelotons.

Anmerkung.

. Wenn das zweite Peloton aufschliesset, so
wird der auf dem linken Flügel marschirende
Serrefille wol auf den vor ihm stehenden marschiren ohne sich rechts oder links zu werfen.
Der Instructeur, der in der Richtung stehet,
wird wol hierauf Achtung geben.

Der Pelotons - Chef wird wohl Acht, haben, daß er sein Peloton paralell mit dem vor
ihm stehenden richtet.

Wenn die Colonne, welche man zum Deployren will schliessen lassen, links abmarschirt
stehet, so wird es auf die nemliche Art verrichtet, mit dem Unterschied, daß, da die Richtung rechts ist, der Pelotons - Chef commandirt:

Rechts — richt euch!

Wenn die Colonne marschirt, und man will
zum Deployren schliessen lassen, so commandirt der Instructeur:

1.

Zum Deployren geschlossen!

2.

geschwinder Schritt!

3.

Marſch!

Auf das erſte Commando ſchlieſſen die Serreſilles auf einen Schritt auf.

Auf das dritte Commando, welches von dem zweiten Pelotons=Chef repetirt wird, ſchließt das Peloton im geſchwinden Schritt auf, der Pelotons= Chef commandirt:

1.

ordinairen Schritt!

2.

Marſch!

Er commandirt das zweite Commando in dem Augenblik, da ſein Peloton auf zwei Schritte aufgeſchloſſen hat.

Articul XXIII.

Wenn die Colonne mit Pelotons zum Deployren aufgeſchloſſen ſtehet, den Contre=Marſch zu machen.

Die Colonne zum Deployren geſchloſſen, der rechte Flügel vor, commandirt der In=ſtructeur:

1.

Contre-Marsch!

2.

Erstes Peloton rechts!

3.

Zweites Peloton links — um!

4.

Marsch:

Auf das dritte Commando befindet sich der Serrefille, welcher auf dem linken Flügel des zweiten Pelotons stehet, vor der ersten Rotte, und der Gefreiter, welcher auf den rechten Flügel getreten ist, macht rechts um kehrt.

Jeder Pelotons-Chef verrichtet den Contre-Marsch, so wie es vorgeschrieben ist; so wie sie Halt! Front! commandiren, begeben sich die — die den linken Flügel bedekkende Serrefilles zum Schliessen zurük, und die Gefreiter treten auf die rechten Flügel.

Der Contre-Marsch verrichtet sich, wenn links abmarschirt ist, auf die entgegen gesezte Art.

Articul XXIV.

Mit Pelotons zum Deployren geschlossen in Colonne der linke Flügel
vor, die Division formiren
zu lassen.

Der Instructeur commandirt:

1.

Formirt die Division!

2.

Marsch!

Auf das erste Commando stellt sich der
zweite Pelotons = Chef auf den linken Flügel
seines Pelotons. Der Serrefille des linken Flügels stellet sich vor eine der linken Flügel = Rotten, und der Gefreiter vom rechten Flügel
vor eine der rechten Flügel = Rotten, beide machen Front links, indeme ihre linke Schultern
die Brust des Mannes im ersten Glied berüh-
ren, vor dem sie stehen.

Der erste Pelotons = Chef commandirt auf
das erste Commando:

1.

Peloton!

2.

Rechts — um!

Auf das zweite Commando tritt das Peloton an.

Der erste Pelotons = Chef stellet sich auf den rechten Flügel des dritten Gliedes des zweiten Pelotons, läßt sein Peloton ablaufen, und so wie er es schier wird demasquirt sehen, commandirt er:

1.

Peloton Halt!

2.

Front!

Auf dieses Commando stellet sich der erste Pelotons = Chef neben den rechten Flügelmann des zweiten Pelotons und richtet sich genau auf ihn.

Der Gefreiter des rechten Flügels des ersten Pelotons begibt sich zugleich vor, macht links um, und richtet sich auf die Vorgetretene des zweiten Pelotons.

Der erste Pelotons = Chef commandirt:

Links — richt euch!

Das Peloton rukt in die Richtung, die otte vom rechten Flügel, welche gegen den

Gefreiter zu stehen kommt, stellt sich mit der Brust wider seine Schulter; wenn das Peloton gerichtet stehet, commandirt der Pelotons = Chef:

Steht!

Der Instructeur commandirt:

Richtung — eingerukt!

Der Divisions = Chef begibt sich zwei Schritt vor die Mitte der Division, der zweite Pelotons = Chef und die zur Richtung Vorgetretene gehen lebhaft auf ihre Bataillen Plätze zurük.

Anmerkung.

Wenn die Pelotons auf Pelotons = Distanz stehen, anstatt zum Deployren geschlossen zu seyn, so commandirt der Pelotons = Chef, nachdem er Halt! Front! commandirt hat:

1.

Vorwärts!

2.

Marsch!

Hernach Halt! in der Höhe des dritten Gliedes des zweiten Pelotons, hernach:

Links — richt euch!

Steht!

Der Instructeur, der auf der linken Flanque stehet, wird wohl auf die Vollziehung der Grundsäzze Achtung geben.

Man wird die Division formiren, wenn der rechte Flügel vor ist, auf die entgegengesezte Art.

Articul XXV.

Das Defile rükwärts mit Rotten zu paſſiren, vom rechten oder linken Flügel.

Um das Defile rükwärts mit Rotten zu paſſiren vom rechten Flügel, es wird supponirt, daß das Defile rükwärts dem linken Flügel liegt, der Instructeur commandirt:

Vom rechten Flügel in Rotten rükwärts durchs Defile!

Der Chef des ersten Pelotons commandirt:

1.

Erstes Peloton!

2.

Rechts — um!

3.

Marsch!

Auf das dritte Commando marquirt das ganze Peloton den Schritt.

Der erste Pelotons = Chef führet die erste Rotte vom rechten Flügel, so daß sie auf dem Flek rechts schwenkt und dirigirt sie, daß sie die Serrefilles und das dritte Glied nicht dränget.

Alle Rotten, indeme sie die linke Schulter vorbringen, machen nach und nach die nemliche Bewegung, tegliche auf dem Plaz, wo sie stehet.

An dem Plaz des Defiles angekommen, führet der Pelotons = Chef die erste Rotte mit Rotten links, und so passiret die ganze Division das Defile.

Wenn das erste Peloton angefangen hat zu marschiren, so commandirt der zweite Pelotons = Chef:

1.

Zweites Peloton!

2.

Rechts — um!

Er wird sich so, wie das erste Peloton verhalten, aber er wird sein Peloton nicht eher in

in Marsch sezzen , als bis nur noch drei oder vier
Rotten des erften auf der Linie find.

Man wird das Defile vom linken Flügel
nach den nemlichen Grundfäzzen paſſiren, der
Pelotons = Chef begibt ſich auf den linken
Flügel.

Anmerkung.

Man muß bemerken, daß die Rotten dieſe
Grundſäzze nicht mit denen derer ordinairen
Rotten = Schwenkungen verwechſeln, und ihnen
expliciren , daß der Unterſcheid darinn beſtehet,
daß da alle Rotten auf dem nemlichen Flek
ſchwenken, wo die erſte geſchwenkt hat, und
im Durchgang durch das Defile iede Rotte auf
dem Plaz, wo ſie ſtehet, ſchwenket.

Wenn nach dem Durchgang durch das De-
ſile die Pelotons aufmarſchiren ſollen, ſo comunan-
dirt der erſte Pelotons = Chef, ſo wie ſeine tête
aus dem Defile kommt:

Erſtes Peloton in die Linie!

Das Peloton wird formirt auf die gewöhnliche Art, der zweite Pelotons = Chef verhält ſich wie der erſte.

Articul XXVI.
Von dem Marsch in Bataille.

K

Die Direction des Marsches in Bataille kann nur allein durch geometrische Mittel bestimmt werden, durch welche sie sowol determinirt, als auch während dem Marsch beibehalten werden muß.

Wenn die Division in Bataille stehet, wenn es eine Division ist, die in dem Bataillon links dem Fahnen stehet, so stellet der Instructeur einen Mann auf 20 Schritt rükwärts in die Richtung der Rotte des ersten Pelotons-Chef, er stellet einen zweiten Mann 20 Schritt weiter rükwärts in die nemliche Richtung, beide machen Front rükwärts. Ein Unterofficier aus dem Serrefille wird bestimmt um vor zu tecten, um den Schritt und die Direction zu geben.

Der Instructeur stellet einen Serrefille auf den linken Flügel des ersten Gliedes, und wenn es eine Division ist, wo rechts dem Fahnen ist, so stellet er einen zweiten hinter ihn in das dritte Glied.

Wenn es eine Division ist, welche rechts der Fahne stehet, so stellet der Instructeur die zwei Mann, welche die Directions-Punkte sind, rükwärts der Rotte des Serrefille, wo auf dem linken Flügel stehet.

Auf einem Terrein, wo ein ganzes Regiment Compagnie weise exercirt, wenn eine iede Division sich Punkte stellete, könnte es Confusion verursachen; derentwegen wird man

die Compagnie auf dem Exercir = Plaz so stellen, daß alle die, wo rechts dem Fahnen stehen, auf gehörigen Abstand hinter einander stehen, aller dieser Compagnien linke Flügel exact
auf zwei rükwärts gestellte Punkte gerichtet.

Die Compagnien, wo links dem Fahnen
stehen, werden linkerhand diesen auf eben die
Art gestellet, daß die rechte Flügel = Rotten
des ist, die der Pelolons = Chefs ebenfalls genau
auf zwei rükwärts gestellten Punkten gerichtet
seien.

Auf diese Art können alle Compagnien,
ohne sich zu hindern im Bataillen-Marsch vor
und rükwärts auf die nemliche Punkte marschiren.

Auf das Commando: Division vorwärts!
begibt sich der Unterofficier, wo vor marschiren soll, im ordinairen Schritt, sechs Schritte
vor die Rotte, auf welche die Directions = Punkte gestellet sind.

Der Instructeur stellet sich zwölf oder 15
Schritte vor und perpendiculair auf die Rotte,
auf welche die Directions = Punkte gestellet sind
und commandirt:

1.

Division vorwärts!

2.

Marſch!

Auf das erſte Commando ſtellet der Inſtructeur den Unterofficier, wo vormarſchiren ſoll, exact auf die Directions-Punkte, dieſer Unterofficier nimmt ſich Punkte vorwärts auf der Erde, welche ſich auf der Linie befinden, welche zwiſchen den Abſätzen des Inſtructeurs durchſtreichet.

Auf das zweite Commando tritt die Diviſion lebhaft an, in denen wo rechterhand der Fahne ſtehen, werden die Köpfe lebhaft links geworfen. Der vormarſchirende Unterofficier marſchirt auf die vorwärts liegende Punkte, der Mann, wo hinter ihm marſchirt, folget ihm genau in ſeinen Fußſtapfen, hält immer die ſechs Schritte Abſtand, und erhält ſeine Schulter-Linie in dieſer des Vormarſchirenden.

Der Inſtructeur begibt ſich zu Zeiten 12 oder 15 Schritte vorwärts des vormarſchirenden Unterofficiers und ſchauet nach, ob er in der Linie der zwei Directions-Punkte marſchirt, wird ihn wieder berichtigen, indeme er avertirt: Directions-Punkt beſſer rechts oder links.

Anmerkung.

Da der vormarſchirende Unterofficier einen großen Einfluß auf den Marſch der Diviſion hat, so wird man hierzu vorzüglich wohl unterrichtete Unterofficiers aussuchen, welche in dem Schritt sehr geübt sind, und auch eine grose Fertigkeit besizzen, einer ihrer Schulter-Linie perpendiculairen Direction ohne Abweichung zu folgen.

Es wird ihnen zu diesem Ende vorgeschrieben, immer Directions-Punkte auf der Erde, welche 15 bis 20 Schritte von einander entlegen sind, zu nehmen.

Damit die rükwärts gestellten Directions-Punkte eine richtige perpendicular Linie auf die Front der Troupp beschreiben, so muß die Rotte, auf welche sie gerichtet sind, selbsten diese perpendicular Linie bilden; zu dem Ende müssen die Leuthe dieser Rotte ihre Schultern exact in der Richtung ihrer Glieder haben und sehr genau hinter einander stehen; der Instructeur wird sich der accurten Stellung dieser Rotte wie auch dieser des vormarschirenden Unterofficiers selbsten versichern.

Die Soldaten werden sich gewöhnen durch die Fühlung der Ellenbogen mehr als durch das Gesicht sich in der Richtung zu erhalten, wozu die Accuratesse des Schrittes und die grade Richtung der Schultern alles beitragen, weßwegen die Köpfe nicht zuviel gewendet seyn müssen.

Sollten die Soldaten den Schritt verliehren, oder vernachläßigen, so commandirt der Instructeur:

1.

T'Achtung.

2.

Tritt.

Auf dieſes Commando marquirt der Vor=
marſchirende ſeinen Schritt wohl und die Sol=
daten marquiren ihn auf das Commando:
Tritt! ebenfalls lebhaft.

Wenn die Soldaten aus der Richtung kom=
men, müſſen ſie ſolche nach und nach wieder
erlangen, und nicht auf einmal, worauf die
im Glied marſchirende Pelotons= Chefs wohl
Acht haben ſollen, weswegen ſie ſich zu Zeiten
ein wenig vorwärts der Richtung begeben kön=
nen, aber doch nicht mehr als nöthig iſt, das
Peloton, wo zwiſchen ihnen und dem Vormar=
ſchirenden iſt, zu überſehen, dieſes Vorrukken
muß nur augenblikkich ſeyn, ſein Avertiren mit
leiſer Simme die Leuthe wo vor oder zurük
ſind. Die Erfahrung wird ihnen lehren, daß
die Regelmäſſigkeit des Marſches erlangt wird,
hauptſächlich durch das richtige Maaß des Schrit=
tes und der Fühlung der Ellenbogen.

Articul XXVII.

Die Diviſion halten zu machen.

Der Inſtructeur commandirt:

1.

Division.

2.

Halt!

3.

Auf die Mitte — richt euch!

Auf das zweite Commando haltet die Division sowol als der vormarschirende Unterofficier.

Auf das Commando: **Auf die Mitte!** wenn es eine Division vom rechten Flügel ist, so begeben sich die zwei Gefreiter, wo hinter denen Pelotons = Chefs stehen, lebhaft vor in die Richtung des Vormarschirenden, und machen so wie er links um, und stehen vor dem rechten Flügel ihrer Pelotons.

Ist es eine Division vom linken Flügel, so tritt der Serrefille vom linken Flügel des zweiten Pelotons und ein Serrefille vom linken Flügel des ersten Pelotons vor und stellen sich mit dem Vormarschirenden mit Rechts um in die nemliche Stellung.

Die Pelotons = Chefs geben Plaz, daß die Serrefille durch können.

Auf das Commando: **Richt euch!** rukt in iedem Peloton der Mann, wo gegen den

Vorgetretenen stehet, lebhaft vor, so daß seine Brust, dessen Arm berühret, die Pelotons werden diese Rotten ein wenig vorlassen, und werden sich zwischen sie in die Richtung begeben, man richtet sich, indeme man die Köpfe in denen Divisions vom rechten Flügel links und in denen vom linken Flügel rechts wendet. Die Pelotons-Chefs stellen sich selbst accurat in die Richtung und richten ihre Pelotons, wenn solche gerichtet, commandiren sie:

Steht!

Wenn der Instructeur die Richtung richtig befindet, commandirt er:

Richtung eingerukt!

Die Vormarschirende und die Vorgetretene gehen auf ihre Plätze zurük. Die Pelotons-Chefs lassen sie durch.

Articul XXVIII.

Rükwärts in Bataille marschiren.

Der Instructeur commandirt:

1.

Division!

2.

Rechts um — kehrt!

Er stellet seine Directions - Punkte vorwärts und läßt den vormarschirenden Unterofficier vortreten.

Man marschirt mit dem dritten Glied vorne, so wie wenn das erste Glied vor ist, ausgenommen daß die Gefreiter, wo hinter den Pelotons - Chefs stehen, auf das Commando:

Vorwärts!

in die Richtung der Serresilles treten, und die Pelotons = Chefs ihre Plätze im dritten Glied einnehmen, der Serresille auf dem Flügel tritt auch in das dritte Glied.

Articul XXIX.

Das Obstacle zu passiren.

Eine Division wo links der Fahne stehet und mit dem ersten Glied vorne in Bataille marschirt, wird auf folgende Art das Obstacle passiren.

Der Instructeur avertirt:

Zweites Peloton Obstacle!

Der zweite Pelotons-Chef tritt zwei Schritte vor, wendet sich gegen sein Peloton und commandirt:

1.

Rechts in die Flanque!

2.

Zweites Peloton — Halt!

3.

Rechts — um!

4.

Marsch!

Auf das zweite Commando haltet das zweite Peloton, das erste Peloton und der vor-marschirende Unterofficier marschiren fort.

Auf das dritte Commando macht das zweite Peloton rechts um.

Auf das 4te Commando marschirt das zweite Peloton durch eine Rotten-Schwenkung links an, und folget denen drei Rotten vom linken Flügel des ersten Pelotons.

Anmerkung.

Der Pelotons-Chef macht das zweite, dritte und vierte Commando lebhaft hinter einander, um sein Peloton nicht aufzuhalten, daß es an der Linie angeschlossen bleibt, welche immer fort marschirt.

Der Pelotons-Chef hält sich auf der Flanque neben der ersten Rotte seines Pelotons.

Wenn das Obstacle paſſirt iſt, das Peloton wieder aufmarſchiren zu laſſen.

Der Inſtructeur avertirt:

Zweites Peloton in die Linie!

Hierauf commandirt der Pelotons-Chef:

1.

In die Linie.

2.

Marſch:

Auf das zweite Commando nimmt das Peloton den geſchwinden Schritt, die Rotten ſezzen ſich nach und nach in die Linie, was in der Flanque marſchirt, bleibt genau auf dem Vordermann, und nur wie eine Rotte an das dritte Glied ankommt, welches in Linie mar-ſchirt, rukt ſie links heraus um ſich in die Li-nie zu ſezzen, der Pelotons-Chef rukt auf das Commando: Marſch! in die Linie, wie eine Rotte vorkommt, nimmt ſie den ordinairen Schritt mit dem Vormarſchirenden.

Articul XXX.

Die Division in Bataille-Marsch seitwärts marschiren zu lassen, wie auch die verschiedene vorgeschriebene Schritte.

Vor den Marsch seitwärts, commandirt der Instructeur:

1.

Rechts oder links seitwärts!

2.

Marsch!

Vor wieder gradaus zu marschiren:

1.

Vorwärts!

2.

Marsch!

Anmerkung.

Der Unterofficier, wo vormarschirt, muß die Grundsäzze des Schritts seitwärts wol obferviren; indeme sein Marsch den größten Einfluß auf den Marsch der Division hat, wenn er seine Schultern nicht grad hält, wird der Mann, der ihm folget, die seinige auch verdre-

hen, und wird dadurch die Direction des Gliedes verändern, wenn er seine Schritte ungleich
macht, so wird es ein Stokken und Flottement
in dem Glied verursachen.

Wenn eine Division nach der entgegen gesezten Seite seitwärts marschiren soll, wo der
Fahnen ist, bleibt die Fühlung doch nach der
Seite zu, wo der Fahne ist, und hier der Unterofficier wo vormarschirt; da dieser Marsch
schwer ist, so müssen die Divisions wol darinn
geübt werden.

Der Instructeur wird die gröste Aufsicht
halten, daß alle diese Principia observirt werden
und wohl Acht geben, daß sowol die Schultern
des Vormarschirenden, als wie auch die Schultern der Soldaten im Glied immer grad und
ohnverdrehet bleiben, damit die paralelle Richtung des Gliedes im Marschiren immer beibehalten werde.

Man wird zu Zeiten die Division den kleinen Schritt marschiren lassen, den grosen Schritt,
den geschwinden Schritt, den Schritt auf der
Stelle, und auch den Schritt changiren lassen.
Diese Schritte sollen aber nur wenig gebraucht
werden, und wird man sich hauptsächlich mit
dem ordinairen Schritt abgeben, um die Soldaten sowol in dem Maaß dieses Schrittes als
auch der Dauer wol zu affermiren.

Zu Zeiten kann man jedoch wenige Schritte
die Division mit gefälltem Baionet marschiren
lassen, aber nicht anderst als im ordinairen oder
kleinen Schritt.

Anmerkung.

Alle in diesem Titul begriffene Artikel sind die hauptsächlichsten Stükken, in welchen eine Compagnie unterrichtet seyn muß, um in Bataillon manduvriren zu können, der Hauptmann oder Instructeur wird also die gröste Sorgfalt auf diese Unterrichtung wenden, er wird noch hinzusezzen, alles was in dem Unterricht der Bataillons vorkommt, und hier nicht vorgeschrieben ist.

Der Hauptmann ist denen Staabs = Officiers responsable vor den Unterricht seiner Compagnie, und wenn seine Compagnie nicht hinlänglich unterrichtet wäre, so werden sie ihn davor bestrafen, und sogar das Commando seiner Compagnie einem andern tüchtigen Officier übergeben.

Fünfter Titul.

Von dem Abmarsch der Compagnien nach dem Sammelplaz des Bataillons und von dem Detachement, wo die Fahnen abholen soll, wie auch von dem Unterricht der Tambours.

Articul I.

Von der Versammlung der Compagnien im Quartier.

Wenn die ganze Besazzung eines Kriegs-Plazzes das Gewehr nehmen soll, so schlagen alle Tambours den General-Marsch, wenn aber ein Regiment oder Bataillon einzeln ausrukken soll, so rapeliren nur die Tambours des Regiments vor dem Quartier.

Auf dieses Zeichen versammlen die Unterofficiers ihre Leuthe und bringen sie auf den Sammelplaz der Compagnie, wo selbsten sich der Hauptmann und die Officiers der Compagnie eingefunden haben.

Der Hauptmann läßt die Compagnie mit geöfneten Gliedern aufstellen und verlesen.

Damit ieder Soldat seinen Plaz in der Compagnie wisse, so wird alle Frühiahr, wenn die Compagnien gemessen sind, eine Rangir = Liste formirt, nach welcher die Compagnien aufgestellet werden.

Der Hauptmann theilet die Officiers und Unterofficiers ein, die zum Fahnen = Peloton gehören, stellen sich zusammen, hinter die Compagnie.

Er theilet die Compagnie in zwei Pelotons und vier Sections und benennt sie nach der Nummer, wo sie im Bataillon haben.

Nachdem sich der Compagnie = Commandant hat Rapport machen lassen, ob Niemand fehle und wie viel Rotten er unter dem Gewehr habe, so schikt er durch den Fourier an den Adiutant den Rotten = Zettul, welcher sämtliche Rotten = Zettul aller Compagnien zusammen dem Major übergibt, welcher entweder selbsten oder durch den Adjutanten wird die Eintheilung der Rotten machen lassen, daß alle Pelotons eine gleiche Anzahl haben. Der Adiutant sagt hierauf denen Fouriers, derer Compagnien zu viel Rotten haben, an welche Compagnien solche abzugeben sind.

Wenn die Compagnie verlesen ist, so macht der Hauptmann die Instruction. Er kann sich hier ihr durch die Offiziers der Compagnie helfen laſſen.

Er revidirt genau den Anzug und die Stellung der Leuthe, viſitirt die Gewehre, laßt die Patrontaſchen öfnen, ſiehet nach, ob die ſcharfen Patronen abgegeben ſind. Wenn ge- feuert wird, ſiehet er, ob die Patronen ordent- lich in der Patron = Taſche ſtekken; wenn nicht gefeuert wird, ſiehet er nach, ob ieder Soldat ſeine drei Patronen von Holz oder Kleyen in der Patrontaſche habe. Sollte ſich etwas fin- den, das nicht in der gehörigen Ordnung wä- re, ſo beſtrafet er die Unterofficiers, bei deren untergebenen Mannſchaft etwas gefehlet hätte. Wenn nach der Inspection der Hauptmann fin- den ſollte, daß die Officiers ihme von denen vor- gefundenen Fehlern nicht Rapport abgeſtattet hätten, ſo beſtrafet er ſie, und macht, wenn das Bataillon aufgeſtellt iſt, ſeinen Raport an den Staabs = Officier, wo das Bataillon com- mandirt.

Er wird auch nachſehen, ob der Anzug und die Bewafnung der Officiers in der vor- geſchriebenen Ordnung iſt, und ſie ebenfalls be- ſtrafen, wenn ſolches nicht ſeyn ſollte.

Wenn die Inspection vorbei iſt, läßt der Hauptmann die Glieder ſchlieſſen, das Ge- wehr in Arm nehmen und führet ſeine Com- pagnie in der Flanque oder mit Pelotons oder Sections= abgeſchwenkt, nachdem es das Ter- rein erlaubet, auf dem Sammelplaz des Re-

giments oder Bataillons. Die zum Fahnen
Peloton Gehörige folgen der Compagnie.

Die sämmtliche Staabsofficiers und Adjutanten werden sich auf dem Sammelplatz eingefunden haben.

Der Tambour - Maior wird die Tambours und Musik schon vorher versammlet haben.

Wenn das Regiment sich aufstellet, stellen
sich die Tambours auf die rechten Flügel ihrer
Bataillons.

Der Obrist determinirt die Richtung, wo
das Regiment nehmen soll. Zu dem Ende
läßt er zwei Serrefilles auf Pelotons - Distanz
in die Richtung stellen, diese machen rechts um,
und nehmen ihre Gewehre hoch mitten vor den
Leib, den Kolben oben, das Schloß vorwärts.
Die erste Compagnie stellet sich hinter sie, der
Hauptmann läßt einen 2ten Serrefille vor den
linken Flügel des zweiten Pelotons stellen, welcher aber das Gewehr nicht hoch nimmt, der
Hauptmann richtet seine Compagnie durch die
Commando's, wo vorgeschrieben sind.

Die Rotten, wo zu andern Compagnien
eingetheilet sind, werden sich schon zu selbigen
begeben haben. Die zum Fahnen - Peloton Gehörige begeben sich ebenfalls zu der Compagnie,
in welcher es stehet.

Es richtet sich eine Compagnie nach der andern, indeme sie einen Serrefille vor die linken Flügel iedes Pelotons in die Richtung stellet. Wie eine Compagnie gerichtet ist, läßt der Hauptmann das Gewehr in Arm nehmen, und stellet sich auf seinen Bataillen-Plaz, der Serrefille des linken Flügels des Bataillons nimmt auch das Gewehr hoch, wie die zwei, wo vor dem ersten Peloton stehen.

Der Adiutant des zweiten Bataillons wird schon den Bataillons-Zwischenraum abgeschritten haben, und stellet sich in die Richtung und den ersten Serrefille an diesen Flek in die Richtung zu stellen, dieser Serrefille nimmt ebenfalls das Gewehr hoch, wie die zwei vom rechten Flügel des ersten Bataillons; die übrige Serrefilles, wo vorgestellet werden in die Richtung, nehmen das Gewehr nicht hoch, ausgenommen die wieder von dem linken Flügel des zweiten Bataillons.

Die Compagnien richten sich so geschwind wie möglich eine nach der andern. Die Hauptleute geben Acht, daß sie allezeit ihre Compagnie an dem dritten Glied halten lassen, alsdann den Serrefille zur Richtung vorstellen und hernach ihre Compagnien durch die vorgeschriebene Commando's richten lassen.

Der Obrist kann auch die Richtung vom linken Flügel aus geben, oder eine Compagnie aus der Mitte eines Bataillons zur Richtung

geben, wo alsdann er aber avertiren läßt, die=
se oder iene Division dienet zur Richtung.

Wenn das Regiment in Bataille stehet, so
commandirt der Obrist:

1.

T'Achtung!

2.

Richtung eingeruft!

Welches Commando von denen Bataillons=
Commandanten repetirt wird; auf das zweite
Commando treten die vorgetretene Serrefile
ab und gehen zum Schliessen auf ihre Plätze,
die Pelotons=Chefs lassen sie durch ihre Lük=
ken durch.

Will der Obrist das Gewehr schultern laß=
sen, so commandirt er es, welches ebenfalls
von denen Bataillons=Commandanten repetiret
wird.

Wie das Regiment stehet, werden die Ba=
taillons=Commandanten den Rapport einnehmen,
und solchen dem Regiments=Commandanten
überbringen.

Wenn der Regiments=Commandant die
Inspection des Regiments machen will; so be=
fiehlt er denen Bataillons=Commandanten, die

Glieder öfnen zu lassen, und revidirt das ganze Regiment oder läßt es von denen Staabs-Officiers thun.

So wie der Staabs-Officier die Glieder einer Division vorbei gehet, so begleitet ihn der Hauptmann derselben.

Wenn der Staabs-Officier findet, daß ihm der Hauptmann nicht von allem Rapport gemacht hätte, was er bei seiner Inspection nicht richtig befunden hätte, so kann er ihn strafen und es an den Regiments-Commandanten melden, wenn er ihm von seiner Visite Rapport macht.

Articul II.

Von dem Commando, wo die Fahnen abholen soll.

Wenn die Compagnien sich nach ihrem Bataillons-Sammelplaz begeben, so werden die Fahnen abgeholt.

Das Commando marschirt in folgender Ordnung.

Der Regiments-Tambour, die Haboisten, die Hälfte der Tambours.

Eine Grenadier-Compagnie mit Pelotons abgeschwenkt, die Officiers an ihren Plätzen, wenn in Colonne marschirt wird.

Die zwei Fähndrichs und hinter ihnen die zwei Corporals, wo hinter ihnen im Fähnen-Peloton marschiren, diese marschiren zwischen dem ersten und zweiten Grenadier-Peloton.

Articul III.

Abmarsch des Commando's

In der vorgeschriebenen Ordnung marschirt die Grenadier-Compagnie auf das Commando ihres Hauptmanns ab, das Gewehr im Arm tragend, die Hoboisten blasen nicht und die Tambours rühren kein Spiel, sondern tragen es übergehenkt.

Wenn das Commando an das Quartier kommt, wo die Fahnen sind, so stellet der Hauptmann die Compagnie in Bataille, Front gegen das Quartier, wo die Fahnen sind, die Tambours und Hoboisten rechter Hand der Grenadier-Compagnie.

Der Grenadier-Hauptmann stellet sich mitten vor seine Compagnie, die andere Officiers an ihre Bataille-Plätze, der Lieutenant gehet mit den zwei Fähndrichs und ihren zwei Corporals in das Quartier und holen die Fahnen, die Corporals hängen die Futeralen über die Schulter.

Wenn die Fähndrichs unter Begleitung des Lieutenants und der beiden Corporals heraus= kommen, bleiben sie der Grenadier = Compa= gnie gegen über stehen; der Hauptmann läßt das Gewehr präsentiren und Fahnen = Troupp schlagen und salutirt die Fahne. Er gibt hier= nach das Zeichen, um nicht mehr zu schlagen, läßt das Gewehr schultern und mit Pelotons rechts abschwenken, die Fähndrichs und Cor= porals stellen sich zwischen die beiden Pelotons, der Regiments = Tambour und Spielleuthe tre= ten an ihren Plaz vor das erste Peloton, der Hauptmann commandirt:

1

Vorwärts!

2.

Marsch!

Die Tambours schlagen Fahnen = Troupp, und so marschirt das Commando in der nemli= chen Ordnung nach dem Sammelplaz des Re= giments; wenn es entfernt wäre, so läßt der Hauptmann das Gewehr in Arm nehmen, und, wenn er gegen das Regiment kommt, wieder schultern.

Articul IV.
Ankunft der Fahnen beim Regiment.

Wie nun die Bataillons mit geschlossenen Glieder stehen, so läßt der Staabs-Officier von iedem Bataillon das Gewehr präsentiren, wenn die Schritte von dem rechten oder linken Flügel, ie nach der Seite, wo sie herkommen, entfernt sind, so commandirt der Staabs-Officier:

Präsentirt's — Gewehr!

Sein Bataillon präsentirt das Gewehr.

Die Fähndrichs marschiren alsdann allein nur mit ihren Corporals begleitet acht Schritte von der Front entfernt, längst dieser herunter.

So wie eine Fahne vor die Mitte des Bataillons kommt, bleibt sie solchen gegen über stehen und wird von dem Bataillons-Commandanten, welcher vor der Front haltet und von dem Directions-Hauptmann salutirt, der Fähndrich und Corporal treten alsdann gleich in den Plaz, der ihnen in dem Titul von der Formation ist angewiesen worden.

Die Tambours, wo bei dem Regiment geblieben und auf dem rechten Flügel iedes Bataillons stehen, schlagen Fahnen-Troupp, wenn das Gewehr präsentirt wird.

So wie die Fahne an ihrem Plaz im Bataillon stehet, commandirt der Staabs-Officier:

Schultert's — Gewehr!

Das Bataillon schultert's Gewehr, die Fähndrich tragen alsdann die Fahne hoch im rechten Arm.

Wenn das Regiment in der Parade-Ordnung in Bataille stünde, die Herrn Officiers vor der Front, so würden alle Officiers zugleich mit dem Staabs-Officier die Fahne salutiren.

Wenn das Regiment wieder in sein Quartier einrukken soll, so werden die Fahnen wieder in der nemlichen Ordnung und durch eben so ein Commando, wo sie abgeholet, wieder zurük in ihr Quartier gebracht.

Articul V.

Unterricht der Tambours.

Dem Regiments-Tambour ist der Unterricht der Tambours aufgetragen, der dem Obrist und denen Staabs-Officiers dafür stehen muß.

Zu diesem Unterricht gehören, der Anzug, die verschiedene Schritte des Marsches und die Art, wie die Tambours alle die verschiedene Schläge trommeln sollen, wo sind vorgeschrieben worden.

Articul VI.

Von dem Abmarsch des Regiments auf den Exercir-Plaz.

Das Regiment kann in der Flanque auf auf den Exercirplaz marschiren, am gewöhnlichsten aber wird es mit Sections oder Pelotons abschwenken, welches auf die vorgeschriebene Art verrichtet werden wird, wie auch der Marsch, wie es im Colonnen-Marsch vorgeschrieben wird.

Das Regiment marschirt in folgender Ordnung.

Erstlich die Zimmerleute, hernach der Regiments-Tambour, die Hoboisten und Tambours des ersten Bataillons.

Der Obrist, der Bataillons Commandant und Adiutant vor dem ersten Grenadier-Peloton.

Der Directions-Hauptmann, links dem ersten Grenadier-Peloton.

Das erste Bataillon in Colonne mit Pelotons oder Sections abgeschwenkt:

Die Tambours des zweiten Bataillons.

Der Commandant desselben und Adiutant.

Am linken Flügel des ersten Pelotons der Directions-Hauptmann.

Das zweite Bataillon mit Pelotons oder Sections abgeschwenket.

Wenn das Regiment links abmarschiren soll, so geschieht es auf die nemliche Art; nur daß die Zimmerleute alsdann vormarschiren und der Tambour-Maior und Hoboisten mit denen Tambours vor dem linken Flügel marschiren.

Wie auch der Obrist nebst dem Commandant des zweiten Bataillons und Adiutant ihre Plätze an der tête der Colonne nehmen, wie auch der Directions-Hauptmann.

Bei dem ersten Bataillon begeben sich diese alle ebenfalls an die tête der Colonne des Bataillons.

Wenn das Regiment abmarschirt, so kann es der Commandant zur Erleichterung der Mannschaft den Marschschritt marschiren lassen.

Sechster Titul.

Von dem Unterricht derer Bataillons,
worinnen alles vorkommt, was ein und
mehrere Bataillons so wol stehendes Fußes als in denen Manövres zu verrichten haben.

General- Regel vor die Commando's, wenn verschiedene Bataillons mit einander manövriren.

Der Commandant en Chef wird alle
Haupt-Commando's thun, wenn es die Umstände nicht erfordern, daß er seine Befehle an
die Bataillons-Commandanten schikt, oder
daß die Bewegungen auf Signals geschehen sollen.

In allen Fällen wird er das Commando:
Marsch! selbsten aussprechen, als welches den
Augenblik der Vollziehung aller Bewegungen
bestimmt.

Wenn eine Brigade einen Theil einer Linie
ausmacht, so wird der Commandant der Brigade alle die Commando's thun, wo seine Bri

gade angehen, um die Manövres der ganzen Linie zu vollziehen.

Die Obristen und Bataillons-Chefs werden alle Commando's des Commandanten en Chef repetiren, in dem Augenblik, wo sie ihnen zu Gehör kommen, ohne auf einander zu warten.

Articul L.

Von der Formirung eines Instructions-Bataillons.

Wenn die Soldaten hinlänglich in dem Unterricht der Compagnien instruirt sind, so sind sie im Stand nicht allein in einem Bataillon zu exerciren und zu manövriren, sondern aber auch in einer Linie von mehrern Bataillons. Das nemliche ist aber nicht mit denen Officiers und Unterofficiers, als von welchen in dem Manövriren eine grössere Fertigkeit erfordert wird. Derowegen wird hier ein Mittel vorgeschlagen, durch welches diejenige Officiers und Unterofficiers, welche diese nöthige Fertigkeit noch nicht erlangt haben, ohne grose Fatique der Soldaten können instruirt werden.

Zu diesem Ende figurirt man ein Bataillon von vier oder sechs Pelotons, nachdem

man viele. oder wenige Officiers und Unterofficiers zu unterrichten hat.

Dieses Bataillon bestehet nur aus einem
Glied ohne Gewehr, iedes Peloton nicht stär-
ker als wie acht oder zehen Mann. Es wird
ein Fahnen Peloton von zwei Gliedern formirt,
iedes Peloton bekommt seine Pelotons = Chefs
und wenigstens zwei Serrefilles bei iedem Peloton, ausserdem noch drei Mann vor die Directionen zu ialohiren, dieses Bataillon wird durch
einen Staabsofficier oder durch einen Hauptmann unter der Direction des Staabs = Officiers manövrirt;

Ein Hauptmann, der die Direction hat
und ein Adiutant oder ein Officier, der seine
Stelle vertritt, wird dazu eingetheilet.

Mit einem solchen Bataillon kann man
alle Manövres machen, welche ein wirkliches
Bataillon zu verrichten hat.

Es hat seinen grosen Nuzzen für den Unterricht derer Officiers, indeme man ihnen,
ohne daß ein ganzes Bataillon fatiquirt wird
mit weniger Mannschaft alle Vortheile und den
Mecanismum aller Manövres deutlich zeigen
kann, wie auch sie in dem Ton die Commando-
wörter auszusprechen corrigiren kann; ferner
werden dadurch, indeme man Hauptleuthe commandiren läßt, diese zu tüchtigen Staabs = Officiers gebildet werden, und ist es ein Mittel
die Talente derer Officiers kennen zu lernen.

Dieses Mittel und das fleissige Manöd.
vriren derer Paraden ausser der Exercirzeit, wenn
es das Wetter erlaubet, ist die sicherste Art,
die Instruction in einem Regiment zu erhal.
ten.

Ein Instructions - Peloton hierzu vor die
Soldaten, wo nicht hinlänglich dressirt sind,
zu exerciren, so wird man den Nuzzen hiervon
in der Exercirzeit spühren.

Wenn ein Regiment dressiret ist, so ist
nicht nöthig, daß das Instructions = Bataillon
das ganze Jahr manövrirt wird; es ist hin.
länglich, wenn solches nur geschiehet des Früh.
jahrs, wenn die Compagnien noch im Detail
exerciren, um die Officiers zum Manövriren
vorzubereiten, das Instructions = Peloton aber
wird so lang es das Wetter erlaubt, das ganze
Jahr nöthig seyn, um die Recrouten und un.
geschikte Soldaten zu dressiren.

Articul II.

Die Glieder zu öffnen.

Die Glieder werden geöfnet nach den Grund.
säzzen, wo in dem Titul vom Unterricht der
Division sind vorgeschrieben worden.

Der Regiments = Commandant comman.
dirt:

1.

Regiment!

2.

T'Achtung!

wenn das Gewehrt geschultert ist, so commandirt er:

3.

Rükwärts — öfnet euch!

Hier ist zu observiren, daß die Unterofficiers, wo auf dem linken Flügel des zweiten
Bataillons stehen, um den Abstand der Glieder
zu marquiren, ihr Gewehr hoch die Kolben
oben halten und als Directions = Puncte vor
die zurük Getretene zu dienen, der Adiutant
vom zweiten Bataillon wird nachschauen, daß
der gehörige Abstand von ihnen wohl observirt
wird.

Der Bataillons = Commandant richtet die
Pelotons = Chefs, der Adiutant die Gefreiter,
der Directions = Hauptmann die Serrefilles,
die Unterofficiers auf dem linken Flügel, wo
die Kolben hoch haben, dienen ihnen zu Directions = Punkten.

Hierauf commandirt der Regiments = Commandant:

4.

Marsch!

Alle

Alle diese Commando's werden von denen Bataillons=Commandanten repetirt: Anstatt: R e g i m e n t ! commandiren sie B a t a i l. lon!

Wenn die Glieder gerichtet sind, so wird

Steht!

commandirt, worauf die Zurükgetretene auf ihre gewöhnliche Plázze gehen.

Die Glieder öfnen, wird in keiner andern Gelegenheit gebraucht, als wenn das Regiment in Parade erscheinen soll.

Articul III.

Von denen Handgriffen.

Die Handgriffe können mit geöfneten oder mit geschlossenen Glieder gemächt werden; wenn die Glieder geschlossen werden; so wird solches durch die Commando's verrichtet, wie solches bei dem Unterricht der Compagnien ist vorge. schrieben worden.

Die Handgriffe werden nur Bataillons. weise gemacht, und das nur selten.

Nur folgende Handgriffe werden in dem Bataillon gemacht.

Präsentirt's — Gewehr!

M

Schultert's — Gewehr!

Fällt's — Baionet!

Schultert's — Gewehr!

Beim Fuß — Gewehr!

Schultert's — Gewehr!

In Arm's — Gewehr!

Schultert's — Gewehr!

Alle diese Tempo werden auf das Commando derer Bataillons-Commandanten verrichtet.

Articul IV.

Die geschwinde Chargirung und die Feuer.

Der Commandant der Linie oder des Regiments wird die Glieder schliessen lassen, wenn sie nicht schon geschlossen sind.

Er wird die geschwinde Chargirung machen lassen, zu dem Ende commandirt er:

1.

Geschwinde Chargirung!

2.

Lad's — Gewehr!

Die Bataillons = Commandanten repetiren dieses Commando, und auf das ihrige verrichten es die Bataillons.

Nota. Der Commandant der Linie oder des Regiments wird seine Commando's langsam aussprechen und ziehen, hingegen die Bataillons = Commandanten werden ihre Commando's lebhaft und besonders das Wort, wo die Execution andeutet kurz ~~ausgesprochen~~ *~~welchermaßen.~~*

Der Commandant der Linie wird die Pelotons = Feuer, die halben Pelotons = Feuer, das Bataillons = Feuer und das Glieder = Feuer machen lassen, durch die Commando's, wo nachgehends werden angedeutet werden.

Das Peloton = Feuer und Glieder = Feuer werden immer grad aus seyn; das Bataillons= und halbe Bataillons = Feuer kann aber grade oder schräg seyn.

Wenn das Feuer soll schrägs seyn, so commandirt der Bataillons = Chef zwischen denen Commando's: Fertig! und T'an!

R e ch t s oder l i n k s a n g e s ch l a g e n!

Das Pelotons = Feuer fängt an bei den ersten Pelotons ieder Division; alle die ersten Pelotons = Chefs commandiren zugleich:

T'on!

M 2

Fertig!

Der dritte Pelotons = Chef commandirt sogleich.

T'an!

Feuer!

wie er Feuer commandirt, so commandirt der Fünfte — — — — — — — — — — — —

T'an!

auf den Fünften der erste und auf diesen der Siebende.

Die zweite Pelotons = Chefs in ieder Division commandiren:

T'on!

Fertig!

so wie ihr erster Pelotons = Chef hat: Feuer! commandirt:

Wie ein Gewehr im ersten Peloton geschultert wird, so commandirt der zweite Pelotons = Chef:

T'an!

Feuer!

Die Chefs der ersten Pelotons observiren das nemliche, und so wird das Feuer continuirt, daß die zwei Pelotons in ieder Division sich einander das Feuer abnehmen, ohne auf die andere Pelotons Achtung zu geben.

Das nemliche wird in denen halben Bataillons = Feuer observirt.

In denen Bataillons = Feuer nehmen die zwei Bataillons vom nemlichen Regiment sich das Feuer auf die nemliche Art ab.

Das Fahnen = Peloton schießt nicht.

Das Glieder = Feuer fängt an iedem rechten Flügel ieder Section zugleich an.

Wenn das Feuer aufhören soll, so läßt der Commandant einen kurzen Würbel schlagen, auf welchen ein Streich folget.

Wenn verschiedene Feuer nach einander sollen gemacht werden, so wird dieser Streich erst gethan, wenn gar nicht mehr soll gefeuert werden, und auf diesen Streich rukken die Pelotons = Chefs, Gefreiter und Fahnen = Pelotons lebhaft auf ihre Pläzze.

Wenn geruhet wird, so werden die Pelotons = Chefs und Officiers und Unterofficiers vom Serrefille nicht aus ihren Pläzzen gehen, ausser einer grossen Nothwendigkeit; die Pelotons-Chefs werden sich alsdann von dem Gefreiter

der hinter ihnen stehet im ersten Glied ersez=
zen lassen, damit die Richtung immer beibe=
halten werde, und nur allenfalls im innern der
Pelotons brauchte rectificirt zu werden.

Wenn Bataillons einzeln exerciren und
nur zur Instruction, so kann der Regiments=
Commandant, wie auch der Bataillons = Com=
mandant sich hin begeben, wo sie es am besten
befinden; wenn aber eine Parade exercirt wird,
oder mit einer ganzen Linie; so werden sie in
den Feuern auf denen Plätzen halten und com=
mandiren, wo ihnen in der Schlacht = Ord=
nung angewiesen sind.

Der Directions = Hauptmann stellt sich wäh=
rend den Feuer auf acht Schritt hinter die
Serrefilles hinter die Mitte des rechten Flügels,
und der Adjutant, so hinter dem linken Flü=
gel; wenn geruhet wird, so machen sie denen
Bataillons = Chefs Rapport von den Fehlern,
wo sie wahrgenommen haben.

Das Pelotons = Feuer!

Der Commandant en Chef wird comman=
diren, welches von allen Bataillons = Chefs re=
petirt wird.

1.

Mit Pelotons — Chargiren!

2.

Chargirt!

Auf das erste Commando begeben sich die Pelotons = Chefs lebhaft vier Schritt rukwärts der Serrefille hinter die Mitte ihrer Pelotons.

Auf das zweite Commando thun die un= graden Pelotons = Chefs die Commando's, wo oben sind vorgeschrieben worden; nachdem sie: Feuer! commandirt haben, commandiren sie:

Ladt!

Worauf das Peloton zugleich die Gewehre abzieht und ladet.

Die Pelotons = Chefs werden vor das Com= mando: T'on! die Nummer sezzen, welche das Peloton in dem Bataillon hat, als 1tes 2tes 3tes T'on! und so weiter.

Die graden Pelotons = Chefs werden ihr erstes Commando thun, wie es oben vorge= schrieben ist.

Halbe Bataillons Feuer!

Der Commandant en Chef commandirt:

1.

Mit halben Bataillons chargiren!

2.

Chargirt!

welches die Bataillons = Chefs repetiren und
hierauf commandiren:

1.

Rechter Flügel!

2.

Fertig!

3.

T'an!

4.

Feuer!

5.

Ladt!

Beide Flügel wechseln ab mit dem Feuer,
als wie die zwei Pelotons von der nemlichen
Division.

Wenn der Commandant en Chef will das
Bataillon = Feuer machen lassen, so wird es
auf die nemliche Art commandirt, ausser an=
statt: Rechter Flügel! commandiren die
Bataillons = Chef:

Bataillon!

Wenn das Glieder = Feuer soll gemacht werden; so commandirt der Commandant en Chef:

1.

Glieder Feuer!

2.

Chargirt!

Welches die Bataillons = Commandanten repetiren, und gleich darauf commandiren:

1.

Bataillon!

2.

Fertig!

3.

Chargirt!

Auf das dritte Commando gehet das Feuer in allen Sections zugleich an.

Anmerkung.

In denen halben Bataillons, Bataillons= und Glieder= Feuer, treten die Pelotons=Chefs auf das erste Commando des Bataillons = Chefs einen Schritt rükwärts des dritten Gliedes ihrer Lükke gegen über.

Die Gefreiter, wo hinter den Bataillons = Chefs stehen, treten in die Richtung derer Serresülles ihrer Lükke gegen über.

Das Fahnen = Peloton rukt auf dieses Commando in allen Feuern zugleich mit den Pelotons = Chefs zurük, so daß das erste Glied in die Richtung des dritten Gliedes zu stehen kommt.

Die Feuer rükwärts.

Wenn der Commandant en Chef will die Feuer rükwärts machen lassen, so commandirt er:

1.

Rükwärts chargiren!

2.

Bataillons.

3.

Rechts um — kehrt!

welches von denen Bataillons = Chefs repetirt wird.

Die Pelotons = Chefs, Gefreiter wo hinter
ihnen stehen, und die Serrefilles, verhalten sich
wie es in dem vierten Titul von dem Unterricht der Compagnien vorgeschrieben ist, in dem
Artikel von dem Feuer rükwärts.

Die nemliche Feuer, wo vorwärts gemacht
werden, sollen auch rükwärts gemacht werden,
und werden auf die nemliche Art commandirt.

Die halben Bataillons behalten die nemliche Benennung, ob sie schon rechts um kehrt
gemacht haben; die Pelotons behalten auch ihre
nemliche Nummer.

Das Glieder Feuer fängt an dem linken
Flügel ieder Section an, der durch das Rechts
um kehren der Rechte geworden ist.

Alles was bei denen Feuer vorwärts ist
vorgeschrieben worden, wird auf die nemliche
Art rükwärts verrichtet.

Wenn der Commandant en Chef die Linie
herstellen will, so commandirt er:

1.

Herrn Ober-und Unterofficiers auf
eure Posten!

2.

Bataillon!

3.

Rechts um — kehrt!

welches von denen Bataillons = Chefs repetirt
wird.

Auf das dritte Commando verhalten sich
die Pelotons = Chefs, Gefreiter und Serrefilles,
wie es bei dem Unterricht der Compagnien vorgeschrieben ist.

Ob zwar die Feuer hier in einer gewissen Ordnung sind angezeigt worden, so werden sie doch,
wenn mit mehrern Bataillons manövrirt wird,
alsdann nur während dem Lauf derer Manövres
gemacht werden, und wird der Commandant
en Chef dasjenige Feuer machen lassen, welches
der Manövre oder der Stellung, in der er sich
befindet, am angemessensten ist.

Da der hauptsächlichste Nuzzen der schrägen Feuer ist, ein concentrirendes Feuer zu bekommen, um auf den nemlichen Gegenstand
eine grössere Masse Feuer zu dirigiren, so wird
man z. Ex. die rechten Flügel links und die
linken rechts anschlagen lassen, wenn es vor
nöthig erachtet wird.

Articul. IV.

Von denen verschiedenen Arten aus der Schlacht = Ordnung in alle Ordnung der Colonnen überzugehen.

Nota: Da in denen Colonnen die Serre-filles, wo auf die linke Flügel der Züge-treten, wenn rechts abgeschwenkt wird, die Direction und Richtung determini-ren, und wenn links abgeschwenkt wird, die Gefreiter, wo hinter denen Pelotons-Chefs im dritten Glied stehen, das nemliche zu versehen haben, so wird in beiden Fällen der Kürze halber diese mit dem Nahmen **Führer** benennet werden.

Mit Zügen rechts oder links ab- schwenken.

Man wird gewöhnlich mit Pelotons und im geschwinden Schritt abschwenken; zu dem Ende wird commandirt:

1.

Mit Pelotons — rechts oder links!

2.

Marsch!

welches Commando von denen Bataillons-Chefs repetirt wird.

Anmerkungen über die Bewegung rechts oder links abzuschwenken.

Was bei dem Unterricht der Compagnien ist gesagt worden, vor mit Sections oder Pelo-tons abzuschwenken, wird hier verrichtet werden,

es seien ein oder mehrere Bataillons, die Pelo=
tons = Chefs observiren, was davon denen Sec=
tions = oder Pelotons = Chefs ist vorgeschrieben
worden, und der Commandant en Chef und
Bataillons = Chefs, was davon dem Instructeur
vorgeschrieben ist.

Die Pelotons = Chefs, indeme sie sich auf
das zweite Commano ausserwärts des Puncts
begeben, wo der schwenkende Flügel apuyren soll,
werden wohl Achtung geben, daß sie zwischen=
sich und dem Pivot des Pelotons, den nöthi=
gen Zwischenraum vor die Fronte ihres Pelotons
den Führer mit inbegriffen lassen.

Wenn sich der Pelotons = Chef zu weit oder
zu nahe stellte, so würde der Pivot im Rich=
ten genöthiget, aus dem Plaz zu treten.

Man bemerket, daß, wenn der Pelotons=
Chef: S t e h t! commandirt hat, der Führer
sich nicht mehr verrukken darf, auch sogar nicht,
um sich in die Direction der vor ihm stehenden
Führer zu stellen, denn wenn er nicht in der
Direction der Führer der Colonne stünde, so
soll er unter keinem Vorwand sich rühren,
ausser. auf den Befehl des Bataillons = Chefs.

Denn wenn geschehe, daß der Chef einer
der Pelotons von der tête seinen schwenkenden
Flügel zu früh oder zu spat avertirt hätte, so
wie das erste Peloton dessen schwenkenden Flü=
gel zu weit vorgebracht wäre, wie a. so würden
die folgenden Führer, wenn sie sich auf deren

ihre Richtung stellen wolten, auf die Linie a b
a. h. zu stehen kommen; Fehler, der in einer
Colonne von einer großen Tiefe sehr merklich werden würde.

Der nemliche Fehler würde entstehen, wenn
ein Führer von einem der Pelotons von der
téte, wie der d, vom zweiten Peloton zu weit
herausgestellet würde, und die folgenden Führer
wolten sich auf diese Richtung stellen.

In beiden Fällen wird der Bataillons-
Chef die Direction derer Führer, wo nicht richtig stehen, herstellen, indeme er avertirt:

Führer von dem oder dem Peloton herein oder heraus!

Aber diese Berichtigung der Führer wird
nur statt haben, wenn die Colonne ohnmittel-
bar in Bataille sollte gestellet werden, denn
wenn die Colonne marschiren soll, so werden
die Führer die richtige Direction im Marschiren
nehmen.

Der Adjutant wird sich allezeit auf der
Seite der Direction halten, und allezeit a
portée des Bataillons-Chefs seine Befehle zu
vollziehen.

Der Bataillons-Chef hat keinen bestimmten Plaz, er wird sich dahin begeben, wo er
sein Bataillon am mehresten Hülfe geben kann.

So oft als ein Bataillon in Colonne sich sezt, so werden auf das Commando: Halt! die beiden Führer von iedem Peloton, das ist der Gefreiter auf dem rechten Flügel und der nächste Serrefille auf den linken Flügel des Pelotons begeben, so daß das erste Glied iedes Pelotons durch zwei Führer eingefaßt ist. Diese Regel wird auch statt haben in einer Colonne, welche mit Divisions abmarschirt stehet.

Wenn sie aber mit Sections abgeschwenkt hat, so ist nur ein Führer auf der Directions-Seite.

Wenn ieder Pelotons = Chef: Steht! commandirt hat; so begibt er sich zwei Schritte vorwärts der Mitte seines Pelotons; welches in allen Fällen statt hat, das Bataillon, wann in Divisions in Pelotons oder Sections abmarschirt, das heißt die Chefs von ieder dieser Abtheilungen.

Mit Pelotons rechts oder links rükwärts abbrechen.

Wenn eine Linie auf diese Art abmarschiren soll, so commandirt der Commandant en Chef, welches von allen Bataillons = Chefs repetirt wird:

1.

Mit Pelotons und Rotten rechts! oder links!

2. Rechts

2.

Rechts — um!

3.

Mit Rotten rechts!

4.

Marsch!

Diese Bewegung wird durch die Pelotons verrichtet, so wie es in dem Titul von dem Unterricht der Compagnie Articul 21. vorgeschrieben ist. Die Pelotons=Chefs commandiren:

1.

Peloton!

2.

Halt!

3.

Front!

4

Links — richt euch!

Anmerkung.

Auf das Commando: Front! stellt sich der linke Führer gegen den Pelotons=Chef, so

N

daß er mit seinem linken Arm dessen Brust leicht berühre; der rechte Führer stellet sich auf die Richtung des linken, der Pelotons = Chef berichtiget seine Stellung.

Auf das 4te Commando rutt das Peloton zwischen die beiden Führer ein.

Um rechts ab nach der linken zu marschiren, oder links ab nach der rechten zu marschiren.

Der Commandant en Chef commandirt, welches von denen Bataillons = Chefs repetirt wird:

1

Mit Pelotons von der Rechten ab nach der Linken zu marschirt!

2.

Marsch!

Auf das erste Commando begeben sich die Pelotons = Chefs vor die Mitte ihrer Pelotons; der Chef des ersten Pelotons commandirt:

Peloton!

Vorwärts!

Köpfe — links!

Auf das zweite Commando, welches von dem ersten Pelotons-Chef repetirt wird, marschirt das Peloton vorwärts.

Der Commandant en Chef bestimmt einen Punkt, welchen er durch einen Adjutanten marquiren läßt, wo das erste Peloton links schwenken soll.

Zwey Schritte vorher commandirt der erste Pelotons-Chef

Links schwenkt!

und wenn er an dem Punkt ist, commandirt er:

Marsch!

So wie das Peloton aufmarschirt ist, commandirt er:

Tritt!

Wenn das erste Peloton zweimal so viel Terrein durchmarschirt hat, als wie die Fronte des zweiten Pelotons beträgt, so commandirt der zweite Pelotons-Chef:

Marsch!

Nachdem er vorher commandirt hat: Peloton! vorwärts! Köpfe links!

Das zweite Peloton marschirt grad vor und ehe es in der Höhe des linken Flügels des ersten Pelotons kommt, commandirt dessen Chef: Links-schwenkt! und wie es in der Höhe dieses linken Flügels ist: Marsch!

Der linke Führer richtet sich sogleich in die Direction des Führers, wo vor ihm marschirt.

Alle Pelotons machen nach und nach die Bewegung, die dem Zweiten vorgeschrieben ist, und nach den nemlichen Grundsätzen.

Man wird links ab, nach der rechten zu marschiren, durch die entgegen gesezte Commando's und Mittel.

Anmerkung.

Das Commando: Peloton! vorwärts! und das Links oder Rechts schwenkt! werden immer zwei Schritte vorher gethan werden, als das Commando: Marsch! muß ausgesprochen werden.

So wie jedes Peloton wird vom Bataillon deboitirt seyn, so gehet der Führer auf den linken Flügel.

Der Bataillons Commandant und Adiutant iedes Bataillons werden aufsehen, daß die Bewegung iedes Pelotons in dem rechten Augenblik und auf dem rechten Flek geschehe.

Wenn ein Hinderniß ein Peloton verhinderte, grade vor sich zu marschiren, so würde dieses Peloton dem vorhergehenden in der Flanque folgen, und zugleich mit ihm antreten.

In dieser Bewegung würde es ein grosser Fehler seyn, wenn ein Peloton zu spat abmarschirte, er würde geringer seyn, wenn ein Peloton zu früh abmarschirte, denn in diesem Fall würde es den Schritt marquiren, bis daß es seine Distanz wieder genommen hätte.

Diese Bewegung kann nur statt haben, wenn die Marsch-Direktion paralell mit der Stellung ist; wenn die Marsch-Direction mit der Stellung einen Winkel machte, so müßte die ganze Linie nach der ordinairen Art abschwenken, und iedes Peloton auf dem nemlichen Flek schwenken, wo das vorhergehende geschwenket hat.

Articul V.

Ein oder mehrere Bataillons in eine geschlossene Colonne sezzen.

Diese Bewegung kann sich verrichten mit Pelotons oder Divisions vor oder rükwärts der Division wo zur Richtung dienet.

Zwei Bataillons auf eine Flügel-Division in geschlossene Colonne sezzen.

Wenn der Commandant en Chef die zwei Bataillons in geschlossene Colonne sezzen will,

auf den rechten Flügel und dieser Flügel vor,
so commandirt er:

1.

Mit Divisions auf die erste Grenadier-Compagnie rükwärts in geschlossener Colonne.

2.

Bataillons!

3.

Rechts — um!

4.

Marsch!

Auf das erste Commando stellt sich der Grenadier-Hauptmann vor die Mitte seiner Division und avertirt sie, daß sie stehen bleibt.

Die Chefs der andern Divisionen bleiben stehen und avertiren nur die Rotten, wo überrukken sollen.

Auf das dritte Commando machen alle Divisions rechts um, ausgenommen die erste Grenadier-Compagnie, die drei ersten Rotten ieder Division, wo rechts um gemacht haben, rukken rükwärts über, die erste um die ganze

Breite der drei Glieder, die zweite weniger und die dritte nimmt nur die linke Schulter vor, die Gefreiter stellen sich zugleich vor den Mann vom ersten Glied der ersten Rotte, und der Divisions⸗Chef stellet sich neben ihn.

Auf das nemliche Commando, commandirt der erste Grenadier⸗Hauptmann.

Köpfe links!

Auf das vierte stellet sich der linke Führer auf diesen Flügel der Grenadier ⸗ Division, und alle andere Divisionen sezzen sich in Marsch, um ihren Plaz in der Colone zu nehmen. Der Chef der Division, wo zunächst an den Grenadier stehet, gewinnet den nöthigen Zwischen⸗Raum, indeme er die Distanz von drei Schritten mit Rotten rükwärts schwenkt, und die Chefs aller andern Divisionen dirigiren ihren Marsch, a, so daß sie die Distanz von drei Schritten bekommen, zwischen ihrem ersten Glied und dem dritten der Division, wo vor ihnen in der Colonne stehet.

Wenn der Chef von ieder Division, wo im Marsch sind, vor seine Person in die Höhe des linken Führers der ersten Grenadier⸗Compagnie, b, wird gekommen seyn, so bleibt er stehen und läßt seine Division ablaufen, und giebt Acht, daß der vormarschirende Gefreiter sie so führet, daß sie eine paralelle Stellung mit der ersten Grenadier ⸗ Division bekommt;

wenn die lezte Rotte der vormarschirenden Division an den Divisions-Chef kommt, so commandirt dieser:

1.

Division!

2.

Halt!

3.

Front!

4.

Links — richt euch!

Auf das dritte Commando stellt sich der linke Führer wol auf die Richtung des Führers der Division, wo vor ihm stehet, auf drei Schritt Abstand vom dritten Glied; der Gefreiter auf dem rechten Flügel des ersten Pelotons observirt auch die drei Schritte Abstand und richtet sich wohl auf den linken Führer.

Auf das 4te Commando, rukt die Division zwischen diese zwei Punkte ein. Der Divisions-Chef richtet die ganze Division, welche die Augen gegen ihn gewendet hat; wenn die Division gerichtet ist, so commandirt er:

Steht!

Nach diesem Commando stellt sich der Divisions = Chef vor die Mitte der Division.

Jede Division wird nach und nach ihren Plaz in der Colonne nehmen, und das auf die nemliche Art.

Man wird ein, zwei oder mehrere Bataillons in geschlossene Colonne sezzen auf die linke Flügel Division durch die entgegengesezte Mittel.

Zu diesem Ende commandirt der Commandent en Chef, welches von denen Bataillons = Commandanten repetirt wird, wenn mehrere Bataillons sind.

Mit Divisions auf die vierte Division oder auf die zweite Grenadier = Compagnie rükwärts in geschlossener Colonne!

Ein oder mehrere Bataillons in geschlossene Colonne sezzen, auf eine Division von der Mitte eines Bataillons.

Der Commandant des Regiments oder der Linie commandirt:

1.

Mit Divisions auf diese Division
dieses Bataillons in geschlossener Colonne der rechte Flügel vor!

Die Bataillons = Chef repetiren dieses erste
Commando, indeme sie anstatt zu commandiren:
rechter oder linker Flügel vor! commandiren, vorwärts! oder rükwärts in
geschlossener Colonne! nachdeme ihre
Bataillons in der Colonne vor oder rükwärts
sollen zu stehen kommen.

2.

Links und Rechts — um!

Diese Commando commandiren die Bataillons = Chefs links oder rechts um!
nachdeme sie links oder rechts der Division stehen, auf welche die Colonne soll formirt werden.

Auf das erste Commando avertirt der Chef
von der Directions = Division, indeme er vor
deren Mitte tritt, daß sie stehen bleibt.

Zu gleicher Zeit treten die Divisions-
Chefs der Divisionen, wo links um machen sollen, an die linke Flügel = Rotte ihrer Division
und avertiren die drei linken Flügel = Rotten,
daß sie vorwärts überrukken sollen.

Die Divisions-Chefs derer Divisionen, wo rechts um machen sollen, avertiren ebenfalls ihre drei rechten Flügel = Rotten, daß sie rükwärts überrukken sollen, aber bleiben auf ihren Plätzen stehen.

Auf das zweite Commando machen die Divisionen, wo rechts der Directions-Division stehen, links um, und die drei linken Flügel-Rotten, rukken vorwärts über, die linken Führer begeben sich zugleich vor den linken Flügelmann des ersten Gliedes, der Divisions = Chef stellet sich neben ihn. Die Divisions, wo links der Directions=Division stehen, beobachten das nemliche mit rechts um.

Auf das nemliche Commando, commandirt der Chef der Directions=Division: **Köpfe links!** der Führer begibt sich auf den linken Flügel.

3.

Marsch!

Dieses Commando repetiren die Bataillons-Chefs.

Auf dieses dritte Commando, da die links der Directions=Division stehende Divisionen sich hinter diese Division begeben, so werden sie geführt, so wie es vorgeschrieben ist, vor die Colonne rükwärts auf den rechten Flügel zu formiren.

Die Divisions, wo rechts stehen, und sich vor die Directions = Division sezzen sollen, werden die Divisions = Chefs so führen, daß sie ihnen eine paralelle Richtung mit der Directions= Division geben, und drei Schritt Abstand halten von der Division, wo hinter der ihrigen stehet; ieder Divisions = Chef führet die seinige, bis daß sein linker Führer in der Richtung des linken Führers der Directions = Division ist, und commandirt einen Augenblik vorher.

1.

Division.

2.

Halt!

3.

Front!

4.

Links — richt euch!

Auf das dritte Commando macht der linke Führer, b, der Divisionen, wo vor der Directions = Division zu stehen kommen, Front rükwärts und richtet sich auf diesen der Directions = Division. Die Bataillons = Chefs rectificiren diese Richtung. Die Gefreiter vom rechten Flügel richten sich nach dem, was schon vorher vorgeschrieben ist, der Divisions = Chef richtet diesen auf den linken Führer und paralell mit der Directions = Division; ehe er das vierte Commando ausspricht.

Auf das vierte Commando rectificirt der Divisions = Chef die Richtung seiner Division, und wenn solches geschehen, commandirt er:

Steht!

Alle Divisions des rechten Flügels nehmen auf die nemliche Art ihre Plåzze in der Colonne ein.

Wenn die Bewegung geendigt ist, so commandirt der Commandant en Chef, welches die Bataillons = Chefs repetiren,

Führer rechts um — kehrt!

worauf die Führer, wo rükwårts Front hatten, rechts um kehrt machen.

Man kånn ein oder mehrere Bataillons in geschlossene Colonne sezzen, auf eine Division aus der Mitte der linke Flügel vor, durch die entgegengesezte Mittel.

Man kann auch die Colonne ganz vorwårts der Richtungs = Division formiren, indeme man an alle Divisions ausser dieser der Richtung, die Bewegung machen låßt, wo denen, die vor die Richtungs = Division sich ziehen sollen, ist vorgeschrieben worden.

Anmerkung.

Die Division, wo am nächsten der Richtungs-Division stehet, soll sobald sie sich in der Flanque in Marsch sezzet, durch eine Rotten-Schwenkung vor oder rükwärts je nachdem sie vor oder rükwärts der Richtungs-Division zu stehen kommt, die drei Schritt Abstand gewinnen, und nachher sich so dirigiren, daß sie paralell mit der Richtungs-Division in die Colonne einrukt, sonst müßte sie, wenn Front commandirt ist, einen ihrer Flügel vor oder zurük nehmen, welches Unordnung verursachen würde, indeme die folgenden Divisionen dadurch irre gemacht würden.

Wenn die folgenden Divisionen in, a, gekommen sind, so dirigiren sie sich, daß sie paralell in die Colonne einrukken.

Es ist hauptsächlich, daß der Führer der Division, wo zuerst in die Colonne rukt, wohl correct auf den Führer der Directions-Division gerichtet werde, weilen seine Stellung diese aller folgenden Führer bestimmt.

Diese Richtung wird der Commandant selbst oder durch den Adiutanten verificiren lassen.

Diese Bewegungen können ebenfalls auf Sektions-Distanz und auf ganze Distanz gemacht werden, es muß aber in dem Commando angedeutet werden.

Wenn die geschlossene Colonne von verschiedenen Bataillons ist, so werden zwischen denen Bataillons nicht mehr, wie die drei Schritte Abstand genommen, wenn es anderst seyn soll, so wird befohlen werden, wie viel Abstand zwischen denen Bataillons soll genommen werden.

Wenn die Anzahl der Bataillons stark ist, und der Commandant en Chef vor gut befindet, vorher iedes Bataillon in sich in Colonne zu sezzen, so schikt er den Befehl hierzu an die Bataillons, indeme er zugleich die Division andeutet, auf welche die Colonnen sollen formirt werden.

Wenn die Bataillons in der Flanque sind, so commandirt der Commandant en Chef: Marsch! und die Colonnen formiren sich wie es vorgeschrieben ist.

Der Commandant en Chef zeigt die Colonne an, an welche die andern anschliessen sollen.

Die Bataillons Chefs lassen hierzu an ihre Bataillons rechts und links um machen.

Wenn die Colonnen in der Flanque sind, commandirt er:

Marsch!

Die Colonnen schliessen an die angezeigte Colonne an, wenn sie angeschlossen sind, und

Front gemacht haben, sollen die Bataillons nur vier Schritt Zwischen-Raum von einander haben.

Wenn der Commandant en Chef alsdann die Bataillons in eine Colonne bringen will, so commandirt er.

1.

Mit geschlossenen Bataillons auf das Bataillon in geschlossener Colonne, der rechte oder linke Flügel vor!

2.

Marsch!

Auf das erste Commando commandiren die Chefs von den Bataillons, wo vor das Richtungs-Bataillon sollen zu stehen kommen:

1.

Bataillon!

2.

Vorwärts!

Die Chefs der Bataillons, wo hinter dem Richtungs-Bataillon sollen zu stehen kommen, commandiren:

1. Batail

1.

Bataillon!

2.

Rechts um — kehrt!

3.

Bataillon vorwärts!

Auf das Commando: Marsch! des Commandanten en Chef, welches alle Bataillons-Commandanten repetiren, marschirt iedes Bataillon vorwärts, so weit es nöthig, um iedes seinen Plaz in der Colonne nehmen zu können.

In dieser Höhe angekommen, thut der Bataillons = Chef die vorgeschriebene Commando's, um in die Colonne durch die Flanque einzurukken, so wie ein Bataillon seinen Plaz eingenommen, commandirt dessen Bataillons-Chef: Bataillon! Halt! Front!

Jeder Bataillons=Chef wird so geschwind und correct, wie möglich, seine Führer auf die des Directions=Bataillons richten; die Divisions = Chefs, indeme sie sich nach dem Directions = Flügel hinbegeben, commandiren die Richtung.

O

Anmerkungen über die Formation in Colonne mit geschlossenen Bataillons.

Um die Stellung derer Führer der Bataillons, wo in die Colonne einrukken desto geschwinder und richtiger zu bestimmen, so werden der Bataillons = Chef, a, seinen Adiutanten, b, und das bei iedem Bataillon, einige Schritte voraus schikken, welcher Adiutant sich in die Richtung der Führer des Bataillons der Direction stellet, um zum voraus die Stellung der Bataillons zu bestimmen.

Wenn die Führer links sind, die Bataillons rechter Hand, welche vorwärts marschiren, und durch links um sich in die Colonne sezzen, wird der Bataillons = Chef halten lassen ein wenig vorher, ehe sie in die Richtung des in die Direction sich gestellten Adiutanten kommen, um daß die Führer desto leichter und richtiger gestellet werden können.

Die Bataillons linker Hand, welche sich rükwärts begeben, und auch ohne wieder rechts umkehrt zu machen, sich auch durch links um in die Colonne sezzen, sollen im Gegentheil erst halten, wenn sie ein wenig über die Führer des Directions = Bataillons hinaus sind, sonsten würde es schwer seyn, die Führer in die Direction zu stellen.

Wenn die Colonne den linken Flügel vorhätte, so würde man die nemliche Grundsäzze entgegengesezt observiren.

Der Adiutant wird allezeit den Führer von der tête seines Bataillons in die Richtung stellen, in denen Bataillons, wo vor dem Richtungs-Bataillon zu stehen kommen, in denen aber, wo hinter dem Richtungs-Bataillon zu stehen kommen, richtet der Adiutant den Führer von der Queue.

Der Commandant en Chef begibt sich vorwärts der Führer vor auf die Formation der Colonne Achtung zu geben, dieser und die Bataillons-Chefs werden hauptsächlich auf die richtige Stellung der Führer und den Paralellismum der Divisionen Achtung geben.

Articul. VI.

Vom Marsch in Colonne.

§.

Von denen Directions-Punkten und dem Jaloniren der Colonnen.

Eine Colonne im Marschiren soll ihren Marsch immer nach geraden Linien befolgen, so viel es nemlich die Umstände erlauben.

Die grade Linie zwischen dem Punkt, von welchem eine Colonne abmarschirt, bis zu dem Punkt, an welchem sie ankommen soll, kann nicht anderst, als wie durch einen oder mehrere Zwischenpunkte bestimmt werden, und ihr

Marsch wird desto richtiger seyn, wenn dieser Zwischen-Punkt so beschaffen ist, daß er dem ersten Führer der Colonne, den Punkt deckt, auf welchen sie zumarschiren soll.

Der Zufall stellet selten diese Punkte dar, um solche zu erlangen, welche allezeit in der Disposition des Chefs der Colonne sind, und welche er erneuern kann, während die Colonne vorwärts kommt; so wird er Gebrauch von dem Jalonnement machen, so wie es hier an- gegeben werden wird.

Der Commandant en Chef stellet sich an den Plaz des Führers a. von der ersten Abthei- lung der Colonne, oder lasset solches durch ei- nen Staabs-Officier oder Adjutanten thun; er läßt einen Jalonneur auf 30. Schritt vor- wärts gegen den Punkt gehen, auf welchen die Colonne ihren Marsch dirigiren soll; dieser Punkt ist der Baum, c. der Jalonneur macht Front gegen die Colonne, und der Staabs-Of- ficier oder Adjutant berichtiget seine Stellung auf das Point de vue, indeme er ihm Winke mit seinem Degen gibt.

Dieser einzige Zwischen-Punkt würde hin- länglich seyn, um die Colonne bis in b. zu dirigiren, aber wenn sie da angekommen wäre, so müßte man sie halten lassen, um neue Zwi- schen-Punkte zu stellen, so ist es vorzüglicher sie zum voraus zu stellen.

Zu dem Ende wird ein zweiter Jalonneur, d. 30. Schritte weiter gestellt, er macht Front gegen die Colonne, und wird, wie der erste auf das point de vue c. gerichtet.

Ein dritter Jalonneur e. begibt sich zu‑ gleich 30. Schritte weiter als d. macht Front nach denen zwei Jalonneurs, und richtet sich von selbsten auf sie, solte er nicht richtig sich gestellet haben, so berichtiget ihn der Staabs‑ Officier oder Adiutant durch einen Degen-Wink.

Wie die Colonne antritt, so verlaßt der Jalonneur b. seinen Plaz und begibt sich leicht in f. über die zwei Punkte, d. und e. hinaus und stellet sich in ihre Richtung, der Jalonneur d. thut das nemliche, sobald der b. sich ge‑ stellet hat, und der Adiutant ihm durch einen Degenwink das Zeichen dazu gibt.

Die Jalonneur werden sich auf diese Art beständig ablösen, so lange als man den Marsch der Colonne in der gegebenen Direction fort‑ sezzen will.

Wann es nicht vor nöthig erachtet wird, die Direction der Colonne mit dieser Präcision zu bestimmen, so kann man sich folgendes Mit‑ tels bedienen.

Man zeigt dem Führer des vordersten Zu‑ ges ein point de vue vorwärts an, in der Direction, in der man die Colonne will mar‑ schiren lessen, dieser Führer sucht Zwischenpunkte auf der Erde, welche auf den gegebenen Punkt in grader Linie zutreffen, so wie er vorwärts marschirt, sucht er sich immer neue Punkte,

die auf den gegebenen Directions-Punkt ge=
richtet sind, so daß die Direction seines Mar=
sches immer durch den Directions-Punkt und
einen Zwischen-Punkt gesichert seie.

§.

Anwendung der Directions-Mittel auf dem Marsch einer Colonne mit gan= zen Distanzen.

Wenn die Direction des Marsches durch
die vorgeschriebene Mittel bezeichnet ist; So
liegt dem Führer der tête allein auf, diese Di=
rection beizubehalten, indeme er auf die Di=
rection der Jalonneurs marschirt, ohne von der
bezeichneten Linie abzuweichen.

Es wird diesem Führer leicht seyn, sich
correct in der bestimmten Direction zu erhalten,
welche durch zwei und drei Punkte bezeichnet
ist, wenn es Jalonneurs sind, so ist er sicher,
daß er recht marschirt, wenn der erste Jalon=
neur ihm die folgenden immer gänzlich deckt.

Denen folgenden Führer liegt auf, die
exacte Distanz zwischen ihrem Zug und dem
vorhergehenden zu erhalten. Zweitens dem
vorhergehenden Führer in seinen Fußstapfen zu
folgen, und sich auf ihn so gerichtet zu halten,
daß er ihm die vorhergehenden Führer oder wenn
es der zweite Führer ist, daß er ihm die Ja=
lonneurs deckt; wenn ein Führer die Direction

aus Unachtsamkeit verlieren solte, so muß er sie nach und nach wieder gewinnen, und nicht auf einmal, als welches den Marsch der Colonne derangiren würde.

Der Commandant hat immer das Mittel die exacte Direction der Führer herzustellen, indeme er die Colonne kann halten lassen.

Die Nothwendigkeit die Distanzen zu erhalten, ist sehr merklich in einer Colonne von einem oder mehrern Bataillons, dieserwegen wird sie der Commandant öfters ohnerwartet in Bataille sezzen.

Die vorgeschriebene Directions-Mittel sind die nemlichen vor eine Colonne mit ganzen oder halben Distanzen, wie auch vor eine geschlossene Colonne, oder eine die im Marschschritt marschirt.

Wenn der Chef nachdeme er die Marsch-Direction durch die vorgeschriebene Mittel bestimmt hat, sie will marschiren lassen, so commandirt er:

1.

Bataillon — vorwärts!

2.

Marsch!

Das erste Commando wird von denen Bataillons-Chefs repetirt.

Das zweite repetiren die Bataillons-Chefs, wie auch alle Chefs der Züge der Colonne, und das sehr laut und kurz und zu gleicher Zeit.

Die Adiutanten halten sich in der Höhe des Führers von der tête ihres Bataillons, und wenn die Direction ialonnirt ist, so wird der Vorderste mit seinem Degen das Zeichen geben, wenn der Nächste sich deplaciren soll, um die Directions-Linie zu prolongiren.

Er wird Achtung geben, daß der erste Führer genau der Directions-Linie folge, und daß die folgende wol auf den Vordermann marschiren.

Die folgende Adiutanten werden wol Acht geben, daß die Führer ihrer Bataillons wol der Directions-Linie folgen und nicht den Fehlern folgen, wo die Bataillons, wo vor ihnen sind, begehen könnten.

Die Bataillons-Chefs halten sich auf der Flanque auf der Seite der Führer, und begeben sich überal hin, wo sie am besten auf die Vollziehung der vorgeschriebenen Grundsäzze Acht haben können.

Der Commandant en Chef wird sich hauptsächlich an der tête seines vordersten Bataillons halten, als wo er am besten die richtige Direction seiner Colonne beurtheilen kann. Er wird sich, so viel möglich ein point rükwärts der Colonne nehmen, welches genau auf ialonnirte Linie zutrift, wenn sich ein solches nicht finden solte;

so dann er eines stellen, wenn alsdann der erste
Führer wol auf der Direction marschirt, und
er seine Colonne rükwärts überschauet, so
marschirt sie richtig, wenn die Führer auf das
point rükwärts gerichtet sind.

Nota. Denen Jalonneurs wird man die Kolben hochtragen lassen, damit die Adiutanten von denen Bataillons sie desto
besser distinguiren können.

§.

Von denen Directions-Veränderungen in Colonne mit ganzen Distanzen.

Die Directions-Veränderungen werden
nach denen Grundsäzzen verrichtet, welche bei
dem Unterricht der Compagnien vorgeschrieben
sind.

Wenn der Commandant en Chef der Colonne will die Direction verändern lassen; so
läßt er den vordersten Pelotons-Chef avertiren,
daß er das Commando hierzu thut.

Der Bataillons-Chef stellet sich auf den
Flek, wo das erste Peloton schwenken soll, auf
die Seite der Führer, er gibt Acht, daß iedes
Peloton auf dem nemlichen Flek schwenke, wie
auch wann die Schwenkung nach der entgegengesezten Seite der Führer ist, daß der Schwenkungs-Punkt degagirt wird, indeme der Flügelmann den Schritt von sechs Zoll mache.

Der Commandant en Chef wird zum voraus die neue Direction ialonniren laſſen, oder wenn ſie es nicht ſeyn ſoll, einen Adiutanten auf 30. Schritte vor in die neue Direction ſtellen, um ſolche dem erſten Führer anzuzeigen, daß dieſer Punkte auf der Erde nehmen kann, in der Direction, welche ihm die Stellung des Adiutanten anzeigt.

Die Pelotons-Chefs werden das vollziehen, was in dem Unterricht der Compagnien hierüber verordnet iſt.

Anmerkung.

Wenn eine Colonne die Direction verändert nach der entgegengeſezten Seite der Führer, ſo iſt es ſehr wichtig, daß ieder Führer genau ſeinem Vordermann folge, bis auf den Flek, wo er anfängt zu ſchwenken. Wenn anſtatt in die Fußſtapfen ſeines Vordermanns zu treten, die Führer den Fehler begiengen, die Direction der Führer, wo ſchwenken, zu nehmen, ſo würden ſie ſich aus der Direction herauswerfen und den Schwenkungs-Punkt verändern.

Dieſer Fehler würde ſich in der Verlängerung der Colonne vergrößern, ie nachdeme die Führer von der tête der Colonne entfernt ſind, wenn der zweite Führer ſich nur ein wenig herauszieht, ſo würde der dritte, um auf dem Vordermann zu bleiben, ſich mehr herausziehen; dieſer Fehler würde alsdann von einem Führer zum andern vergrößert werden, und die Pelotons, wo sich seitwärts gezogen haben, würden ihre Distanz verlieren und folglich eine Unordnung in der Colonne verursachen.

Das nemliche würde geschehen, wenn die Pivots nicht genug den Schwenkungs = Punkt degagirten; die folgenden Pelotons würden stoken oder schwenken, ehe sie an den Schwenkungs = Punkt ankommen.

Der Bataillons = Chef wird sich an den Schwenkungs = Punkt begeben, die Schwenkung geschehe nach der einen oder andern Seite; und wird Acht haben, daß die obigen Fehler nicht vorgehen.

In dem Marschschritt wird die Colonne das nemliche in Obacht nehmen, damit ein Glied immer auf dem nemlichen Flek schwenke, wo das vorhergehende geschwenkt hat.

§.

Das Defile zu paſſiren mit einer Colonne mit ganzen Diſtanzen.

Dieses wird auf die Art verrichtet, wie solches bei dem Unterricht der Compagnien in dem 16. Artikul vorgeschrieben ist.

Will der Commandant auf einmal die Sections abbrechen lassen, so thut er die Commando's hierzu; da es aber am gewöhnlichsten, von iedem Peloton auf dem nemlichen Flek geschiehet, so avertirt der Commandant

nur den ersten Peloton = Chef, welcher als
dann die nöthige Commando's hierzu verrichtet,
diese Commando's müssen nur zeitlich genug ge=
schehen, daß die Bewegung geendigt ist, ehe
man an den Flek kommt, wo der Weg nur die
Breite einer Section hat.

Wenn der Weg nöthigt, Rotten abfallen
zu lassen, so geschiehet es auf die = in dem nem=
lichen Artikel vorgeschriebene Art.

Wenn die tête der Colonne in dem Defile
ist, folgt der erste Führer den Krümmungen
desselben und macht immer den Schritt von
zwei Schuh und 80. in der Minute. Alle fol=
gende Führer observiren das nemliche, und hal=
ten immer ihre Distanz so genau, als möglich.

Die Sections folgen immer denen Be=
wegungen ihrer Führer, und suchen nicht de=
nen üblen Plázzen auszuweichen, sondern ieder
Mann gehet immer grad durch, um keine Ver=
längerung in der Colonne zu verursachen.

So läßt man auch wieder die Rotten ein=
rukken, und die Pelotons formiren, wie solch=
in dem Compagnie = Unterricht vorgeschrieben ist.

So oft das Defile wenig beträchtliche
Krümmungen darstellet, so geschehen die Di=
rections = Veränderungen ohne Commando, aber
wenn das Defile Directions = Veränderungen
verursachet, welche über eine halbe Viertels=
Schwenkung gehen, so geschieht solches durch die
gewöhnliche Commando's.

Die Bataillons-Chefs haben Acht, daß die Grundsäzze wol beobachtet werden, damit keine Stokken oder Verlängerung in der Colonne entstehe; ie länger die Colonne ist, ie wesentlicher ist es, daß die Grundsäzze wol observirt werden, damit die Colonne im Marsch nie mehr Raum einnehme, als sie braucht in Bataille zu stehen.

Der Bataillons-Chef wird seinem Bataillon das Defile passiren sehen, oder den Adiutanten da stehen lassen, wenn seine Gegenwart an der téte nothwendig wäre.

Anmerkung.

Die vorgeschriebene Grundsäzze sind anwendbar, die Colonne marschire im ordinairen Schritt oder im Marsch-Schritt. Aber da es von der größten Wichtigkeit ist, den Soldaten an die Ordnung in allen seinen Bewegungen zu gewöhnen und ihn in der Cadence und Maas des Schrittes zu bevestigen, deßwegen wird man gewöhnlicher, wenn nur mit einem Bataillon exercirt wird, das Defile im ordinairen Schritt passiren, und nur erst den Marsch-Schritt gebrauchen, wenn das Bataillon oder Regiment vollkommen sowol in dem Schritt als auch in der Vollziehung der Bewegungen unterrichtet ist.

Wenn vor dem Feind das Defile passirt wird, so wird der Commandant en Chef seine Disposition machen, um den Durchzug, nach-

deme es das Terrein erfordert, durch poſtirte
Truppen zu dekken; dieſes gehört aber zur hö-
hern Tactic, und kann hier nicht ſeinen Plaz
finden.

§.

Die Colonne halten zu laſſen.

Wenn der Commandant en Chef die Colonne will halten laſſen, ſo commandirt er:

1.

Bataillons!

2.

Halt!

Beide Commando's werden durch die Bataillons-Chefs repetirt. Das zweite repetiren
alle Chefs der Züge und verhalten ſich, wie
es bei dem Unterricht der Compagnien vorgeſchrieben iſt.

Wenn die Colonne haltet und der Chef
will ſie in Bataille ſezzen, ſo begibt er ſich vor
den Führer von der tête Front gegen ihn, die
zwei vorderſten Führer ſchauen auf ihn, und
nehmen die Direction, die er ihnen andeutet,
die folgenden Führer ſtellen ſich lebhaft auf die
Stellung der zwei erſten, die Bataillons-Chefs
berichtigen ſie; hierauf commandirt er, welches
Commando die Bataillons-Chefs repetiren.

Links oder Rechts — richt euch!

Auf dieses Commando begeben sich die Chefs der Züge auf den Platz, der ihnen beim Unterricht der Compagnien angezeigt ist, und richten ihre Züge.

Der Führer vom entgegengesezten Flügel stellet sich correct auf seine Distanz, der Chef dirigirt die Richtung seines Zugs auf ihn.

Wenn die Züge gerichtet sind, so stellen sich ihre Chefs vor ihre Mitte.

Anmerkungen.

So oft die Colonne mit ganzer oder Sections = Distanz ist, repetiren die Chefs der Abtheilungen die Commando's Marsch! und Halt! so oft der Chef nöthig findet, links oder rechts richt Euch! zu commandiren, welches nicht von denen Chefs der Züge repetirt wird, sondern wenn sie ihre Züge gerichtet haben, so commandiren sie: Steht!

Wenn der Commandant en Chef nicht eine Haupt = Richtung geben will, so kann er sie rectificiren, indeme er avertirt, Führer von dem oder dem Peloton heraus oder herein. Wenn die Direction ist ialonnirt gewesen, und er will die Richtung berichtigen, so stellet er sich hinter die zwei vordersten Führer und berichtiget ihre Stellung auf die vorstehende Punkt, nach deme begibt er sich vor den ersten Führer vor auf die beiden ersten, die übrigen Führer der

Colonne zu richten, oder auch auf den Punkt
rükwärts, wenn er einen hat.

Die Bataillons = Chefs helfen dem Chef
in der Berichtigung der Führer ieder seines
Bataillons.

So oft die Colonne haltet und die Stellung der Führer wird revidirt, so nimmt der
erste und lezte Führer iedes Bataillons sein Gewehr hoch zwischen beide Augen den Kolben
oben, der Commandant en Chef occupirt sich
nur von der Stellung dieser Führer; wenn er
diese von dem vordersten Bataillon berichtigt
hat, so werden sich diese von den folgenden Bataillons auf diese richten, indeme sie die Kolben sehen können, die Führer des innern derer
Bataillons berichtigen die Bataillons = Chefs.

§.

Eine Colonne mit Pelotons in ganzer
Distanz abmarschirt, auf Sections-
Distanz schliessen lassen.

Der Commandant en Chef commandirt:

1.

Auf Sections = Distanz schließt die
Colonne!

2.

Marsch!

Auf

Auf das zweite Commando marschirt das erste Peloton im ordinairen Schritt fort, alle andere Pelotons nehmen auf dieses Commando den geschwinden Schritt.

So wie iedes Peloton schier auf Sections-Distanz ist, so commandirt sein Chef: ordinairen Schritt! und Marsch! wie er die Distanz hat: dieses Marsch! wird commandirt, wenn das vorhergehende Peloton den rechten Fuß auf die Erde sezzen will, um mit dem linken mit demselbigen im ordinairen Schritt anzutreten.

Wenn der Commandant en Chef stehendes Fußes will auf Sections-Distanz schliessen lassen, so geschieht es auf die nemliche Art, nur anstatt daß ieder Pelotons-Chef, ordinairen Schritt! Marsch! commandirt, so commandirt er Peloton! Halt! Links oder rechts richt euch! wenn er auf Sections-Distanz angerukt ist. Mit dem richten derer Pelotons und Berichtigung der Führer verhält es sich hier, wie in Colonne mit ganzer Distanz.

Wenn die Colonne auf Sections-Distanz ist, und man will die Divisions im Marschiren oder stehendes Fußes formiren, so geschiehet dieses durch die Mittel, wo bei dem Unterricht der Compagnien hierzu sind vorgeschrieben worden.

§.

Directions-Veränderungen der Colonnen auf Sections-Distanz.

P

Diese Directions-Veränderungen verrichten sich wie mit ganzer Distanz, ausgenommen wenn sie auf die entgegengesezte Seite der Führer gemacht werden, der Pivot, anstatt den Schritt von sechs Zoll zu machen, er denselben von einem Schuh macht, sonsten würde der Schwenkungs-Punkt nicht zeitlich genug degagirt.

§.

Die Colonne zum Deployren schließen.

Wenn die Colonne mit ganzer oder Sections-Distanz mit Pelotons oder Divisions marschirt, und man will sie schließen lassen, so commandirt der Commandant en Chef:

1.

Zum Deployren geschlossen!

2.

Marsch!

Auf das erste Commando rukken alle Serrefilles auf einen Schritt Abstand auf das dritte Glied auf.

Auf das zweite Commando treten alle Divisions, ausgenommen die erste im geschwinden Schritt, bis auf drei Schritt vom dritten Glied der vorhergehenden Division auf; der Divisions-Chef commandirt:

1.

ordinairen Schritt!

2.

Marsch!

Das zweite Commando thut er, wenn er auf der Distanz von drei Schritten ist.

Wenn die Colonne haltet und der Chef will sie zum deployren schliessen, so commandiren die Divisions = Chefs, wie sie auf drei Schritt im geschwinden Schritt aufschliessen:

1.

Division.

2.

Halt!

3.

Links oder rechts — richt euch!

4.

Steht!

Der erste Divisions = Chef commandirt auf das Marsch! der Bataillons = Chef an seine Division links oder rechts richt euch! und hernach: Steht! vor die Richtung der

Führer wird das nemliche observirt, als wie
bei einer Colonne mit ganzer Distanz, ausge-
genommen, daß die Flügel-Führer iedes Bataillons die Gewehre nicht hoch nehmen.

Wenn der Commandant en Chef will die
Colonne auf die téte von iedem Bataillon schlief-
sen lassen, so commandirt er:

1.

**Auf die erste Division oder Peloton
von iedem Bataillon schließt
die Colone!**

2.

Marsch!

Auf dieses Commando wird auf die erste
Abtheilung iedes Bataillons auf die nemliche
Art aufgeschlossen.

§.

**Von dem Marsch einer geschlossenen
Colonne.**

Eine geschlossene Colonne wird durch die
nemliche Commando's in Marsch gesezt, wie
eine Colonne mit Distanz.

Eine geschlossene Colonne marschirt nie anderst als im cadencirten Schritt.

Der Führer von der tête marschirt auf der gegebenen Direction, die folgenden Führer marschiren wol aufeinander und deken sich wol.

Die Bataillons - Chef halten sich auf der Flanque ihrer Bataillons auf der Seite der Führer und geben Achtung auf die innere Ordnung der Colonne, der Adiutant halt sich neben dem Führer von der tête auf.

Die Chefs der Züge repetiren in der geschlossenen Colonne, so wie in der Colonne mit Distanz die Commando's M a r s c h ! und H a l t !

Eine geschlossene Colonne läßt man halten durch die nemliche Commando's, wie eine Colonne mit Distanz.

Der Chef macht, wenn er es vor gut befindet, die Commando's: l i n k s oder r e c h t s — r i c h t e u c h ! wenn er die Colonne hat halten lassen, und die Führer rectificirt hat, wie es vorgeschrieben ist bei einer Colonne mit Distanzen, die Chefs der Züge, wenn sie sie gerichtet haben; commandiren :. Steht !

Anmerkungen über den Marsch der Colonnen.

In ieder Colonne im Marsch, sie seie mit ganzer oder Sections - Distanz oder geschlossen, ist es nothwendig in ieder Abtheilung die innere

Richtung und den Paralellismum unter sich beizubehalten, deßentwegen wird man in Obacht nehmen, daß wann die Colonne mit Plotons oder Divisions im Marsch, so werden die Führer auf der entgegengesezten Seite der Direction Acht haben, allezeit correct auf ihrer Distanz zu marschiren, die sie von der Abtheilung, die vor ihnen marschirt, haben sollen, ohne sich auf die Richtung ihres Zugs zu richten, aber doch dieselbe ausbessern, wenn es nöthig, so daß die Züge gerichtet und zwischen zwei Führer eingefaßt marschiren. Die Chefs der Abtheilungen werden sich öfters umwenden, um darauf Achtung zu geben.

§.

Directions - Veränderung mit einer geschlossenen Colonne mit der Front der Colonne.

Wenn eine Colonne geschlossen ist, so werden alle ihre Dirictions - Veränderungen nach oder ab der Seite der Führer durch eine Schwenkung gemacht werden, wo die Direction allezeit auf dem den Bogen beschreibenden Flügel ist, derowegen wird der Bataillons-Chef das Commando hierzu thun, wenn die Direction nicht auf diesem Flügel ist.

Par Exemple.

Wenn die Colonne den rechten Flügel vor hat und soll links Direction changiren, so commandirt der Bataillons-Chef:

1.

Köpfe — rechts!

2.

links Direction verändert!

3.

Marsch

Wenn die Colonne den rechten Flügel vor hat, rechts die Direction verändern soll, so thut der Bataillons = Commandant nur die zwei lezten Commando's, indeme er anstatt links, **rechts Direction verändert!** commandirt, weil die Direction und die Köpfe schon links sind.

Wenn die Colonne den linken Flügel vor hätte, so würde umgekehrt das nemliche observirt.

Auf das Commando: **Marsch!** so macht das ganze Bataillon zugleich eine Directions = Veränderung links, der rechte Führer und der linke richten sich aufeinander, der von dem schwenkenden Flügel dirigirt sich in einem Zirkel = Bogen vorwärts, indeme er den Schritt von zwei Schuhen macht und den Zirkel = Bogen d. beschreibt, der linke Führer marschirt in dem nemlichen Bogen, macht aber seinen Schritt nur von einem Schuh und beschreibt

den innern Zirkel-Bogen, e. der rechte Führer bestimmt den Marsch des linken in diesem
Fall, indeme der rechte die Direction hat, und
der Zug die Richtung und Fühlung nach ihm
nimmt.

Der vorderste Zug folgt der Direction des
Führers, der den schwenkenden Flügel führet,
die Mitte des Zugs hält sich aber ein wenig zurük, damit er den rechten Führer nicht ver-
hindert, den linken zu sehen.

Die Führer der schwenkenden Flügel der
folgenden Abtheilungen werden immer suchen
nach und nach den Vordermann wieder auf
den ersten Führer zu nehmen, und da sie hierzu
viel Terrein seitwärts gewinnen müssen, so
halten sie in diesem Fall die rechte Schulter
vor und ziehen sich rechts seitwärts. Ihre
Abtheilungen folgen ihrer Bewegung, indeme
sie schwenken, sich seitwärts ziehen, und auf
diese Art nach und nach die neue Direction gewinnen.

Der Bataillons-Chef hält sich so wie der
Adiutant bei dem schwenkenden Flügel als wo
er am besten die nöthige Hülfe geben kann.

Wenn der Commandant findet, daß der
vorderste Zug genug geschwenket hat, und daß
er ihn will die grade Direction nehmen lassen, so commandirt er:

1.

Vorwärts!

2.

Marsch!

Auf dieses Commando so nimmt der erste Zug so wie alle folgende, wo schon in der Direction sind, den Marsch grad vorwärts; die Züge, wo nicht völlig in der Direction sind, gewinnen solche nach und nach, und nehmen den Marsch grad vorwärts.

Wenn die Directions = Veränderung rechts geschehen solte, indeme der rechte Flügel vor ist, so würde sie durch die entgegengesezten Mittel verrichtet, aber alsdann würde der Commandant das erste Commando weglassen, weil die Köpfe und Fühlung schon nach der Seite sind, wo die Direction in der Schwenkung gehalten wird.

Allemal wenn der Commandant hat Köpfe rechts! oder links! commandirt vor der Directions = Veränderung, so wird er das entgegengesezte Commando thun, aber erst, wenn die lezten Züge in der neuen Direction sind, in diesem oben vorgeschriebenen Fall commandirt er:

Köpfe links!

Anmerkung.

Was den Unterschied machet in denen Directions = Veränderungen mit geschlossener Colonne, mit denen der Colonne mit ganzer oder Sections = Distanz, ist, daß in der geschlossenen Colonne kein Zug auf dem nemlichen Fleck schwenkt wie der vorhergehende und daß die Führer anstatt grad aus zu marschiren, und den Fußstapfen des vorhergehenden zu folgen, bis auf den Fleck, wo der erste geschwenkt hat, wie es in denen beiden Fällen vorgeschrieben ist. In diesem Fall sobald als der erste Zug die Bewegung anfängt, die folgenden Führer suchen die Direction des ersten Führes zu gewinnen, indeme sie die äussere Schulter vornehmen, und sich stark nach dieser Seite seitwärts ziehen, vor desto leichter und geschwinder die Direction des Führes von der tête zu gewinnen, weßwegen sie auch den Schritt vergrößern können.

Dieses würden Hauptfehler seyn, in denen Directions = Veränderungen der Colonnen mit Sections oder ganzer Distanz, wie solches an seinem Ort ist erwiesen worden.

Die Directions = Veränderungen in geschloßener Colonne von mehrern Bataillons können nur Bataillonsweise nach und nach verrichtet werden. Wenn diese Bewegung nothwendig ist, so befiehlet der Commandant en Chef dem Chef des ersten Bataillons seine Directions = Veränderung zu machen.

Er läßt die folgenden Bataillons halten oder auf der Stelle rühren.

Wenn der Chef siehet, daß der Schwenkungs = Punkt von dem ersten Bataillon schier degagirt ist, so befiehlt er an den Chef des folgenden, vorwärts zu marschiren. Dieser commandirt:

1.

Bataillon — vorwärts!

2.

Marsch!

Wenn er an dem Flek ankommt, wo das erste Bataillon seine Directions = Veränderung gemacht hat, welchen Flek der Commandant en Chef wird durch einen Unterofficier bezeichnen lassen; so commandirt dieser zweite Bataillons = Chef seinem Bataillon die Directions = Veränderung zu machen.

Auf diese Art wird diese Bewegung von denen folgenden Bataillons verrichtet.

Wenn die ganze Colonne die neue Direction genommen hat, so läßt der Commandant en Chef die Colonne wieder auf die vorige Distanz aufschliessen, indeme er das erste Bataillon halten läßt, oder die folgenden Bataillons im Marschiren im geschwinden Schritt bis auf die vorige Distanz aufschliessen lässet.

Anmerkung.

Wenn man auf die tête von iedem Ba-
taillon die Colonne geschlossen hat, so haben die
Bataillons Raum genug, diese Bewegung ohne
Auffenthalt machen zu können.

§.

Directions-Veränderungen mit geschlos-
sener Colonne durch die Flanque
der Colonne.

Das Bataillon, a. welches den rechten
Flügel vor hat, und der Chef will es auf die
Linie a. b. stellen, so zeigt er dem Bataillons-
Chef den Baum, b. an, dieser stellet den Adiutanten a. vor und wider den rechten Führer
der ersten Abtheilung, welcher Front gegen den
Baum b. macht, er schikt die zwei Führer dieses ersten Zugs, die neue Direction zu ialonniren, sie machen Front gegen den Adiutant,
welcher ihre Stellung d. e. auf das point de
vue rectificirt; sie lassen zwischen sich etwas
weniger Raum, als die Front des Zugs beträgt. Sobald dieses geschehen, so commandirt der Bataillons-Chef:

1.

Bataillon!

2.

Rechts — um!

3.

Marsch!

Auf das zweite Commando macht das ganze Bataillon rechts um, der Chef von ie-dem Zug begibt sich neben seinen rechten Füh-rer; vor den rechten Flügel des ersten Zugs wird sich ein Serrefile gestellet haben.

Auf das dritte Commando sezzen sich alle Züge zugleich in Marsch; der Führer des er-sten Zugs dirigirt seinen Marsch gleich mit dem ersten Schritt, so daß er in seinem Marsch die linke Aerme der vorstehenden Jalonneurs be-streichet, der Chef des ersten Zugs bleibt bei dem Jalonneur, e. stehen und läßt seinen Zug ablaufen, so wie sein linker Flügel an ihn kommt, so läßt er ihn halten, Front machen, und links richten, auf die Art wie solches vorge-schrieben ist.

Die rechten Führer von iedem folgenden Zug richten sich in ihrem Marsch nach der Direction des Führers des Zugs, wo vor ih-nen in der Colonne marschirt, so daß die Züge paralell unter einander und auf drei Schritte Abstand vom dritten Glied, des vorhergehenden Zugs in die neue Richtung kommen.

Wie die Chefs der Züge in die Richtung der linken Führer des vorhergehenden Zugs

kommen, fo bleiben fie ftehen, laffen ihren Zug
ablaufen und verhalten fich, vor fie halten zu
laffen und zu richten, nach dem, was vorge-
fchrieben ift, um ein oder mehrere Bataillons
rükwärts in gefchloffene Colonne zu fezzen.

Wenn der Zug von der tête gerichtet ift,
fo läßt der Commandant die zwei Jalonneurs
abtreten.

Wenn der Chef will eine Direktions-
Veränderung machen, welche perpendiculär auf
die erfte Stellung der Colonne feyn foll, fo
zeigt er dem Adiutanten, a, den Baum, f,
an, auf welchen der linke Flügel foll gerichtet
werden. Der Adiudant ftellt fich vor den linken Führer des Zugs von der tête, macht
Front gegen den Baum f. und fchikt die zwei
Führer die neue Direction zu ialonniren, fie
machen Front gegen den Adiutant, welcher ihre Stellung auf dem Baum f. berichtiget, fie
laffen zwifchen fich fchier gar den Raum, wo
die Fronte ihres Zugs einnimmt.

Wenn diefe Difpofition gemacht ift, fo
commandiert der Bataillons-Chef.

1.

Bataillon!

2.

Links — um!

3.

Marfch!

Auf das zweite Commando machen alle Züge links um, die Chefs der Züge begeben sich auf den linken Flügel neben den Führer.

Auf das dritte Commando treten alle Züge an, und die linken Führer von ieder Abtheilung verhalten sich nach dem, was hier oben den rechten Führer ist vorgeschrieben worden; die Chefs der Züge, welche neben ihren linken Führer sind, führen sie bis auf den Fleк, wo der Jalonneur stehet, wo der linke Flügel soll zu stehen kommen, lassen sie halten und richten, wie solches oben vorgeschrieben ist.

Der Bataillons-Chef und Adiutant observiren alles was vorher vorgeschrieben ist.

Anmerkung.

Um daß diese Bewegung leicht könne verrichtet worden, so ist es nothwendig, daß die neue Richtung ganz auf das End der ersten Stellung zutrift, oder noch besser zwei Schritt weiter, das ist, wenn die Bewegung rechts geschiehet, daß der linke Führer nicht näher als wie in die Stellung des rechten Führers des ersten Zugs in der ersten Stellung zu stehen komme, zwei Schritt davon ab ist noch besser.

Damit ieder Zug den ganzen Raum seiner Front zu marschiren habe, und der linke Flügel da durch komme, wo der rechte gestanden, damit der ganze Zug auf das Commando: Halt! seines Chefs in der neuen Richtung stehe.

Diese Methode der Front Veränderung mit geschlossener Colonne ist auch anwendbar auf Colonnen mit ganzen Distanzen, und ist in diesen Fällen ebenfalls von grosem Nuzzen. Eine Colonne von welcher Anzahl Bataillons sie auch seie, kann sehr geschwind eine iede Stellung nehmen, wo man ihr geben will. Also par Exemple kann die Colonne auf alle Directionen gestellet werden, die in dem halben Zirkel i. k. l. sich befinden; wann die Colonne den Contre-Marsch macht, kann sie wieder in dem halben Zirkel m. n. o. eine iede Stellung nehmen, wo man ihr geben will.

Wenn sich kein Baum oder anders merkliches Object, wie der Baum b. oder f. vorfindet, so kann der Bataillons-Chef die zwei Jalonneurs von der tête auf die Direction stellen, wo der Colonne soll gegeben werden.

Wenn mehrere Bataillons in einer geschlossenen Colonne sollen durch die Flanque ihre Direction verändern, so kann man diese Bewegung um mehrerer Ordnung willen einem Bataillon nach dem andern machen lassen.

§.

Der Contre Marsch.

Der Contre-Marsch wird gemacht mit ganzer Distanz oder mit Sections-Distanz, wie

wie solches bei dem Unterricht der Compagnien im 20. Artikel vorgeschrieben ist.

Und mit einer geschlossenen Colonne wird der Contre-Marsch ebenfalls verrichtet, wie solches in dem 23. Artikel von dem Unterricht der Compagnien vorgeschrieben ist.

§.

Mit Pelotons in geschlossener Colonne der rechte oder linke Flügel vor die Division zu formiren.

Diese Bewegung wird mit ein und mehrern Bataillons verrichtet, wie solches bei dem Unterricht der Compagnien im 24. Artikel vorgeschrieben ist.

Wenn die Colonne geschlossen, der rechte Flügel vorstehet, und soll die Divisions formiren, so commandirt der Commandant en Chef:

1.

Formirt die Divisions!

2.

Marsch!

Das erste Commando repetiren die Bataillons-Chefs und commandiren gleich darauf:

Q

1.

graden Pelotons!

2.

Links — um!

Wenn diese Bewegung geschehen, so repetiren sie das Commando: Marsch! des Commandanten en Chef.

Wenn der Commandant en Chef siehet, daß die Divisions formirt sind, so commandirt er:

Richtung eingerukt!

welches die Bataillons-Chefs repetiren.

Wenn die Colonne auf ganzer Distanz oder Sections-Distanz stünde, so verhalten sich die Chefs der graden Pelotons, so wie es im 24. Artikel des Unterrichts der Compagnien vorgeschrieben worden.

§.

Eine Colonne wo den rechten Flügel vor hat, den linken vorzuziehen.

Da der Fall sich öfters ereignen kann, daß eine rechts abmarschirte Colonne in den Fall käme, sich in Bataille zu sezzen, Front

gegen ihre rechte Flanque, wenn sie dieses, so
wie sie stehet, verrichten sollte, so würde sie ihre
Flügel verwechseln, um die Inversion zu vermeiden, so commandirt der Chef:

1.

Der linke Flügel vorgezogen!

2.

Bataillons!

3.

Halt!

Nota! Man supponirt hier ein Bataillon,
welches sich auf eine Colonne von mehrern
Bataillons appliciren läßt.

Diese Commando's werden von denen Bataillons-Chefs wiederholt; nach dem dritten
Commando, welches die Pelotons-Chefs repetiren, commandirt der Achte oder lezte Pelotons-Chef:

1.

Achtes Peloton!

2.

Rechts — um!

3.

Marsch!

Q 2

Der achte Pelotons-Chef bleibt in der Höhe des rechten Flügels des siebenten Pelotons stehen, läßt sein Peloton zwei Schritt weiter ablaufen, commandirt alsdann:

1.

Achtes Peloton!

2.

Halt!

3.

Front!

4.

Marsch!

5.

Köpfe — rechts!

Er marschirt, indem er auf das zweite Commando vor die Mitte seines Pelotons tritt, längst der Colonne herauf und bekommt hier-durch die tête.

Wenn das achte Peloton gegen das siebente kommt, macht das siebente rechts — um! macht die nemliche Bewegung, wie das Achte und folgt diesem auf Pelotons-Distanz nach, alle folgende Pelotons verhalten sich auf die nemliche Art.

Auf diese Art kann der Chef die Colonne links abmarschirt, fortmarschiren lassen, oder sie rechts in Bataille sezzen.

Articul. VII.

Von denen verschiedenen Arten sich aus der Ordnung in Colonne in Bataille zu sezzen.

§.

Art die Bataillen = Linie zu bestimmen.

Man kann die Bataille=Linie auf dreierlei Art bestimmen.

1mo. Indeme man zwei Jalonneurs in die Richtung stellet, welche man der Linie geben will.

2do. Indeme man einen bestimmten Punkt zum point d'apuy oder Anstüzzungs= Punkt annimt, an welchen man einen Flügel ansezzet, und alsdann einen andern Punkt in der Ferne wählet, auf welchen die Richtung der Linie dirigirt wird.

3tio. Indeme man gleich zwei Directions-Punkte vor beide Flügel auswählet, und hernach durch Zwischen = Punkte die grade Linie zwischen diesen beiden Punkten bestimmet.

In dem ersten Fall läßt der Commandant en Chef durch einen Adiutanten zwei Jalonneurs auf 30. oder 40. Schritt von einander in die Richtung stellen, welche der Linie soll gegeben werden, diese beide Jalonneurs formiren also die Basis der Stellung, in welche soll aufmarschirt werden.

In dem zweiten Fall, indeme der Adiutant sich an dem point d'apuy stellet, placirt derselbe zwei Jalonneurs so weit von einander, als die Fronte der ersten Abtheilung der Colonne Breite hat, und stellet den einen an den point d'apuy an, und richtet den zweiten auf den gewählten Directions = Punkt.

In dem dritten Fall, wo die Directions-Punkte vor beide Flügel gegeben sind, so wird man die grade Linie zwischen diesen beiden Punkten auf folgende Art bestimmen.

Sobald der commandirende Chef das rechte und linke Flügel = Merkmal festgesezzet hat, so suchen zwei Adiutanten oder Jalonneurs, die durch R. für den zur rechten und durch A. für den zur linken angezeigt sind, die Zwischen = Punkte.

Der Baum C. wird hier vor das linke und der Kirchthurn D. für das rechte Flügel. Merkmal angenommen.

A. bleibt stehen, während R. ohngefehr 40. Schritte rechter Hand von A. weggehet und sich auf diesen und den Punkt C. richtet.

A. gibt das Zeichen vorwärts zu gehen, und um den Punkt C. gleichsam als um einen Schwenkungs = Punkt herum zu marschiren, wobei der Adiutant R. immer sich mit dem Punkt C. und dem Adiutanten A. gerichtet hält.

A. der ebenfalls vorwärts maschirt, stehet beständig auf R. damit er diesem das Zeichen zum Halten in dem Augenblik geben könne, da ihm R. das rechte Flügel = Merkmal D. bedekt.
Da nun R. während dem Marsch beständig auf den Officier A. und den Gegenstand C. gerichtet bleibet, so ist auch der begehrte Zwischenpunkt gefunden.

R. und A. machen Front gegen einander und rectificiren sich sehr genau auf die beiden Flügel = Merkmalen C. und D.

Von diesen beiden Adiutanten muß vorzüglich der, welcher auf dem Flek stehet, wo die tête der Colonne ankommen soll, vest auf seinem Plaz stehen bleiben.

Hätte man mehr wie eine Colonne, so kann ein Adiutant oder Officier von ieder Co=

lonne, längst der Directions = Linie herab reiten,
und von dem Punkt aus, an welchen die Co=
lonne, die der seinigen zur Regel dienet, ihren
rechten oder linken Flügel in der Linie apuiren
soll, denienigen Abstand im Trabe oder im
Galopp abmessen, der zwischen dieser und sei=
ner Colonne zum Aufmarsch in die Linie nöthig
ist, und sich hernach auf den Punkt in der
Directions = Linie hinstellen, wo die tête der
Colonne, zu welcher er gehört, eintreffen soll.

§.

Verschiedene Arten eine Colonne mit Distanzen in die Bataillen = Linie aufmarschiren zu lassen, der rechte oder der linke Flügel vor.

1mo. Links (oder rechts,)
2do. Rechterhand (oder linkerhand)   } in
3tio. Vorwärts.   } Bataille!
4to. Front rükwärts.

Colonne mit Distanzen der rechte Flügel
vor, links in Bataille.

Nota. Es wird supponirt, daß die Colonne
schon wirklich haltet, nachdeme sie in die
pointe de vues einmarschirt ist. Bei diesem
Einmarsch ist zu observiren, daß indeme die

Colonne auf den Adiutant, welcher den Zwischen-Punkt bezeichnet, so marschiren muß, daß
der rechte Flügel des ersten Zugs auf ihn gerichtet seie, oder dieser Adiutant dem rechten
Flügel des Zugs rechts liege, um daß wenn
der erste Zug auf Pelotons-Distanz gegen diesen Adiutanten angekommen ist, dessen Chef ihn
so rechts schwenken lasse, daß der linke Arm
des linken Führers den Adiutanten bestreiche,
die Colonne marschirt alsdann auf das vorwärts
gelegene point de vue, welche Direction man
durch Jalonneurs, so wie es vorgeschrieben ist,
bezeichnen kann, oder der erste Führer nimmt
sich Zwischen-Punkte auf der Erde; in diesem
lezten Fall, wenn der commandirende Officier
hat hälten lassen, so rectificirt er die Stellung
der Führer, indeme ihm das rükwärts gelegene point de vue und der auf dem Zwischen-
Punkt stehende Führer zur Richtung dienen. Ist
vorwärts ialonnirt worden, und der Zwischen-
Punkt nicht stehen geblieben, so läßt er die zwei
vorderste Führer auf die Jalonneurs rectificiren
und richtet die Führer auf den rükwärts gele-
genen Direcktions-Punkt. Der Commandant en
Chef occupirt sich nur mit der Richtung der
Flügel-Führer iedes Bataillons, welche auf
das Commando: links richt euch! die
Kolben hoch nehmen, die Bataillons-Chefs
rectificiren die Führer des innern der Bataillons.

Wenn die Führer rectificirt sind, so commandirt der Chef, welches von denen Bataillons-Chefs repetirt wird:

1.

Links — in Bataille!

2.

Marsch!

Die Colonne formirt sich links in Bataille, nach der Art, wie solches bei dem Unterricht der Compagnien vorgeschrieben ist.

Wenn die Pelotons = Chefs steht! commandirt haben, so commandirt ieder Batail-lons = Chef:

3.

Richtung — eingerukt!

Auf dieses Commando nehmen die Füh-rer ihre Bataillen = Plätze.

Wenn die Colonne den linken Flügel vorne hätte, so würde sie sich rechts in Bataille se-tzen, durch die entgegen gesezte Mittel; die Pe-lotons = Chefs, welche in diesem Fall auf de-nen linken Flügel stehen, nehmen alsdann ihre Plätze ein zugleich mit dem Führer auf das Commando:

Köpfe — rechts!

welches in diesem Fall commandirt wird, an-statt Richtung — eingerukt!

Die Bataillons = Chefs geben Achtung,
daß auf das Commando links oder rechts
in Bataille! der Mann im ersten Glied von
iedem Zug, welcher neben dem Führer ist, wo
auf der Direction stehet, links oder rechts um
mache, und mit seiner Brust sich leicht an den
Arm des Führers anspühre.

Der Adiutant gibt Acht, daß der Ge=
freiter auf dem rechten Flügel des vordersten
Zugs iedes Bataillons auf das Commando:
links oder rechts in Bataille! lebhaft vortrete,
auf Pelotons = Distanz Front gegen die Führer
mache und sich genau auf selbige richte.

Wenn das Bataillon völlig gerichtet ist,
so begeben sich die Bataillons = Commandanten
und Adiutanten auf ihre Bataillen = Plätze,
welches sie bei allen Formationen observiren
werden.

So oft sich eine Colonne in Bataille stellet,
so werden sich die Serrefilles selbsten correct auf
zwei Schritt Abstand vom dritten Glied stellen.

Wenn der Commandant en Chef die Co=
lonne hat halten lassen, ehe alle Pelotons und
Bataillons auf der Directions = Linie stehen,
so verhalten sich die Pelotons des Bataillons,
wo schon zum Theil auf der Richtungs = Linie ste=
hen, wie solches bei vorwärts in Bataille
wird vorgeschrieben werden, und die Bataillons
ebenfalls.

§.

Colonne mit ganzer Distanz der rechte Flügel vor, rechter Hand in Bataille.

Wenn der Commandant en Chef den point d'apuy und die Direction, auf welche aufmarschirt werden soll, determinirt hat, so läßt der Bataillons = Chef des vordersten Bataillons durch seinen Abiutanten zwei Jalonneurs auf diese Richtungs = Linie stellen; diese zwei Jalonneurs determiniren die Stellung, wo der erste Zug der Colonne nehmen soll.

Der erste Jalonneur stehet auf dem point d'apuy, wider ihn kommt der rechte Führer zu stehen und wider den Zweiten eine von denen linken Flügel = Rotten des ersten Zugs; sie werden so gestellet, daß sie die rechte Schulter der Front des Bataillons präsentiren.

Ehe die tête der Colonne in die Höhe des point d'apuy kommt, so commandirt der Commandant en Chef, welches die Bataillons= Chefs repetiren:

1.

Bataillons!

2.

Rechter Hand — in Bataille!

3.

Köpfe — rechts!

Auf das dritte Commando nimmt sich die Direction rechts, der rechte Führer des ersten Zugs marschirt grad vor sich, ohne sich gegen die Richtungs = Linie zu ziehen.

Die folgenden rechten Führer marschiren in die Fußstapfen ihres Vordermanns.

Der Bataillons = Chef, indeme er das dritte Commando gethan hat, zeigt dem Chef des vordersten Zugs den Punkt an, wo er schwenken lassen soll; dieses geschiehet durch die Commando's und nach der Art, wie solches bei dem Unterricht der Compagnien bei dem Artikel rechter Hand in Bataille vorgeschrieben ist.

Wenn ein Bataillon correct auf der Directions = Linie aufmarschirt stehet, und des folgenden Bataillons Richtung durch zwei Jalonneurs bezeichnet ist, so commandirt der Bataillons = Chef: Richtung — eingerukt! welches die folgenden Bataillons = Chefs auf gleiche Art befolgen.

Der Bataillons = Chef, der auf dem rechten Flügel halt, gibt Acht, daß die Führer sich wol auf die Richtung stellen, und rectificirt ihre Stellung, durch Winke mit seinem Degen, worauf sie zu sehen haben.

Der Adiutant geht längs der Front hinunter, und indeme er sich rukwärts des auf die Linie tretenden Führers stellet, berichtiget dessen Stellung auf die vordersten Führer, so folget er der Formation bis auf den linken Flügel des Bataillons.

Die Bataillons = Chefs schikken ihren Adiutanten zeitig genug mit zwei Jalonneurs voraus, daß dieser die Bataillons = Distanz abschreiten kann, und seine beide Jalonneurs, wo den Stand des ersten Pelotons bestimmen, richtig auf die zwei ersten Jalonneurs des vor ihm stehenden Bataillons richten kann, welche den Kolben hoch heben; auf diese Art wird er denen Fehlern nicht folgen, welche das vor ihm stehende Bataillon könnte begangen haben, welches geschehen würde, wenn er die Jalonneurs auf die des linken Flügels des vorhergehenden Bataillons richtet.

Der Commandant en Chef beurtheilet die richtige Stellung der Linie durch die Flügel= Jalonneurs, welche die Kolben hoch haben.

Eine Colonne den linken Flügel vor, formirt sich linker Hand in Bataille (durch) die entgegengesezten Commando's und Mittel : auf das Commando: Köpfe rechts! anstatt Richtung eingerukt! treten die Pelotons = Chefs auf die rechten Flügel.

Die Führer treten immer durch die Lükke des Pelotons = Chefs zurük, welcher ihnen am nächsten ist, dieser wendet sich um sie durch zu lassen.

Anmerkung.

Damit diese Bewegung desto regelmässiger gemacht werde, so ist es vortheilhaft, wann die Directions-Linie so determinirt wird, daß die Züge, nachdeme sie ihre Schwenkung gemacht haben, einige Schritte vorwärts zu marschiren haben, ehe sie wider diese Linie kommen.

Wenn die Bataillons-Linie so nahe wäre, daß der Zug wider diese Linie käme, ehe er seine Schwenkung ausgemacht hat, so begeben sich die Rotten, wo noch nicht aufmarschirt sind, nach und nach auf die Richtung, alsdann aber commandirt der Pelotons-Chef nicht eher rechts oder links richt euch! bis daß alle Rotten aufmarschirt, und daß der Führer, welcher die Richtung bezeichnet, correct auf der Directions-Linie gestellet ist.

In den ersten Unterrichtungen wird man die Bataillen-Linie bestimmen, paralell mit der Direction, in welcher die Colonne marschirt; aber wenn einmal die Pelotons-Chefs und Führer die successiven Formationen recht werden inne haben, so wird man öfters schräge Directionen geben.

Wenn die Schräge der Bataillen-Linie so ist, daß sie die Directions-Linie des Marsches durchschneidet, so wird der Commandant dem

Führer des ersten Zugs eine neue Direction anzeigen lassen, welche ohngefehr paralell mit der
Bataillen-Linie ist, damit die Züge, nachdeme
sie nach und nach geschwenkt haben, ohngefehr
den nemlichen Raum zu marschiren haben, um
an die Bataillen-Linie zu kommen.

§.

Colonne mit Distanz der rechte Flügel vor, vorwärts in Bataille.

Wenn die Bataillons-Linie bestimmt ist,
so stellet man auf diese Linie einen Jalonneur
A., auf den Punkt, wo die tête der Colonne
ankommen soll, und welcher Punkt A. der
point d'apuy der Stellung ist.

Der Commandant en Chef wird sogleich
denen Bataillons-Chefs die Directions-Linie
anzeigen oder anzeigen lassen, auf welche die
Colonne in Bataille aufmarschiren soll.

Der Marsch der ganzen Colonne wird auf
den Punkt A. gerichtet, durch die Principia, die
bei dem Marsch der Colonnen vorgeschrieben
ist, und wann der vorderste Zug auf Pelotons-
Distanz an die Bataillen-Linie herangekom-
men, läßt der Chef die Colonne halten.

Die Staabsofficiers der folgenden Bataillons werden entweder selbsten im Trab oder
Galopp von dem point d'apuy an ihre Distanz
abrei-

abreiten, um ieder auf der Bataillen = Linie den
Plaz zu bezeichnen, auf welchen die tête ihres
Bataillons zumarschiren soll.

Sie können auch ihre Adiutanten abschik-
ken, das nemliche zu besorgen und sich auf den
Punkt K. zu stellen, auf welchen die têten ihrer Bataillons zumarschiren sollen.

Um die Distanzen abzureiten, müssen die
Staabsofficiers wohl geübt seyn, den Gang
ihrer Pferden zu beurtheilen.

So wie die Colonne haltet, laßt der Chef
des vordersten Bataillons durch seinen Adiutanten einen zweiten Jalonneur b. auf die Bataill-
len = Linie stellen, vor eine der drei rechten Flügel = Rotten des ersten Zugs; beide Jalonneurs
machen Front rechts, damit sie die rechte Schulter der Colonne präsentiren.

Wenn diese beiden Jalonneurs richtig stehen, so läßt der Commandant den vordersten
Zug wider und hinter die beiden Jalonneurs
rukken, auf das Commando des Chefs des Zugs,
welcher seinen Zug rechts richtet.

Der Commandant en Chef commandirt,
welches Commando der vorderste Bataillons-
Chef repetirt:

R

1.

Auf das erste Peloton oder erste Grenadier-Peloton vorwärts in Bataille!

Hierauf commandirt der Chef des vordersten Bataillons.

2.

Köpfe — rechts!

3.

Mit Pelotons — halb links!

4.

Marsch!

Auf das vierte Commando, welches der Commandant en Chef thut, und die Bataillons-Chefs wie auch die Pelotons-Chefs repetiren, schwenken alle Pelotons, außer das vorderste, wo auf die Bataillen-Linie gestellet ist, halb links. In dem Augenblik, da der Bataillons-Chef siehet, daß genug geschwenkt ist, so commandirt er:

1.

Vorwärts!

2.

Marſch!

Auf das Commando: Marſch! wird der rechte Führer des Pelotons, wo zunächſt der Bataillen=Linie iſt, aufhören zu ſchwenken, und dirigirt ſich ſo, daß er auswärts und neben den linken Flügelmann des Pelotons, wo ſchon auf der Linie ſtehet, ankommt, das Peloton conformirt ſich der Richtung ſeines Führers.

Auf das nemliche Commando, indeme der rechte Führer des folgenden Pelotons auch auf= höret zu ſchwenken, marſchirt er grad vorwärts, und dirigirt ſich auf die Rotte des vorhergehen= den Pelotons, welche ſich grad vor ihm befin= det, bis in dem Augenblik, wo dieſes Peloton ſchwenkt, um paralell wider die Bataillen=Linie einzurukken, alsdann verläßt er die Rotte, wo vor ihm war, und richtet ſich auf den linken Führer des nemlichen Pelotons, ſo daß er deſ= ſen Plaz auf der Bataillen=Linie einnimmt.

Die rechten Führer der folgenden Pelotons obſerviren das nemliche.

So wie ieder von ihnen an dem Punkt C. ankommt, ſchwenkt das Peloton rechts auf das Commando ſeines Chefs und nach dem Prin= cipe derer Schwenkungen nach der Richtungs= Seite. Jedes Peloton begibt ſich hernach grad vor, ſein Chef läßt es halten auf zwei Schritte von der Bataillen=Linie, welche durch die Ja=

lonneurs bezeichnet ist, und richtet es hernach,
so wie es vorgeschrieben ist bei rechter Hand
in Bataille.

Wenn das Bataillon aufmarschirt und gerichtet ist, commandirt der Bataillons-Chef:

Richtung — eingerukt!

Dieser Aufmarsch geschiehet der linke Flügel vor durch die entgegengesezten Mittel und
Commando's.

Der Bataillons-Chef und Adiutant versehen das nemliche, was in dem vorhergehenden
§pho vorgeschrieben ist.

So wie das vorderste Peloton auf der Bataillen-Linie etablirt ist, und der Commandant en Chef commandirt hat: vorwärts
in Bataille! so commandiren alle folgende
Bataillons-Chefs.

1.

Bataillon schräg links in Colonne!

2.

Marsch!

welches zweite Commando die Bataillons-Chefs
von dem Commandant en Chef abnehmen.

Auf das Commando: Marsch! schwenkt
das vorderste Peloton von iedem Bataillon halb

links, der Bataillons = Chef dirigirt die tête
seiner Colonne auf den Officier oder Adiutan=
ten K. welcher auf der Bataillen = Linie ste=
het.

Wenn die tête des Bataillons auf einige
Schritte von der Bataillen = Linie angekommen,
gegen den Punkt, wo der rechte Flügel apuy=
ren soll, läßt der Bataillons = Chef seine Colon=
ne halten, er wird schon zwei Jalonneurs vor=
ausgeschikt haben, welche der Adiutant auf
Pelotons = Distanz auf die Directions = Linie
wird gestellet haben.

Das vorderste Peloton wird gerichtet,
und das Bataillon formirt sich auf sein erstes
Peloton vorwärts in Bataille, wie solches vor
das erste Bataillon ist vorgeschrieben wor=
den.

Alle Bataillons der Colonne verfahren auf
die nemliche Art, iedes formirt seine eigene
Colonne und bricht von der Haupt = Colonne aus,
und marschirt durch den kürzesten Weg auf
den Punkt, wo sein rechter Flügel soll zu ste=
hen kommen.

Dieses Manoeuvre vorwärts in Bataille,
wenn es das Terrein nicht erlaubt, daß sich
die Pelotons in Front auf die Bataille = Linie
begeben können, kann auch durch den Flan=
quen = Marsch gehen.

In diesem Fall commandirt der Chef=

1.

Auf das erste Peloton vorwärts in Bataille!

2.

Bataillon!

3.

Links — um!

4.

Marsch!

Auf das dritte Commando machen alle Pelotons links um, ausser das erste, wo auf die Bataillen=Linie ist gestellet worden, die Pelotons=Chef treten neben ihren linken Führer.

Auf das vierte Commando treten alle Pelotons an, der Pelotons=Chef führet sein Peloton auf die Bataillen=Linie auf Pelotons= Distanz von dem Peloton, wo zu seiner rechten stehet, läßt es halten und richten durch die gewöhnliche Commando's, der linke Führer richtet sich auf die zwei Jalonneurs, wo vor dem ersten Peloton stehen.

Der Pelotons=Chef läßt sein Peloton in Bataille schwenken und richten, wie solches vorgeschrieben ist.

Der Bataillons = Chef und Adiutant be=
sorgen die richtige Stellung der linken Führer
wie bei der ersten Art.

Alle Pelotons machen die nemliche Bewe=
gung.

Wie die folgenden Bataillons gegen den
Punkt angekommen sind, wo ihr rechter Flü=
gel apuyren soll, so läßt ihr Chef die nemli=
che Bewegung durch die Flanque machen.

Wenn der linke Flügel vor ist, so geschie=
het dieses durch die entgegengesezten Mittel und
Commando's.

Wenn ein Regiment wohl in diesem Ma=
növre geübt ist, so kann solches im geschwin=
den Schritt verrichtet werden, und wird man
auch sich auf Stellungen formiren, die schräg
auf die Fronte der Colonne sind.

Anmerkungen.

Die Präcision der ersten Bewegung hängt
von der Direction ab, die die Pelotons haben,
in dem Augenblik, wo der Bataillons = Chef
vorwärts! Marsch! commandirt hat.

Der Bataillons = Chef beurtheilet den Au=
genblik, indeme er dieses Commando machen
soll, indeme er observirt, daß iemehr der Win=
kel, welchen die Bataillen=Linie mit der Di=

rection der Colonne formirt, spitzig ist, ie mehr müssen die Pelotons schwenken, ehe sie vorwärts marschiren, und ie mehr dieser Winkel sich dem graden Winkel nähert, ie weniger müssen sie schwenken, denn wenn dieser Winkel merklich mehr offen wäre, als der grade Winkel, so würde diese Bewegung diejenige, rechterhand in Bataille seyn müssen.

Wenn die Direction der Bataillen-Linie auf solche Art schräg wäre gegen die Marsch-Direction der Colonne, daß die Züge, wenn sie auf diese Linie ankommen, nur eine sehr kleine Schwenkung zu machen hätten, so werden die Chefs der Züge nicht r e c h t s, oder l i n k s s c h w e n k t! commandiren, aber den Zug auf zwei Schritte vor der Bataillen-Linie halten lassen, und commondiren in dieser Stellung r e c h t s, oder l i n k s r i c h t e u c h!

Es ist sehr wichtig, daß iedes Peloton sehr exact auf den Punkt, . e. dem Plaz gegenüber, wo der Pelotons-Chef auf der Bataillen-Linie stehen soll, schwenke, wenn es eher schwenkte, würde es sich zum Theil von dem vorhergehenden Peloton masquirt befinden, und würde sich ziehen müssen, um Plaz zu bekommen in die Bataillen-Linie einzurukken; wenn das Peloton zu spåth schwenkte, so würde es seine Distanz verliehren, und müßte auch durch den Schritt seitwärts solche wieder gewinnen. In dem einen und dem andern Fall wird dieser Fehler eines Pelotons die folgenden den nemlichen

Fehler begehen machen, und sich bis auf das lezte Peloton eines Bataillons erstrekken.

So ist es auch hauptsächlich, daß der Führer eines ieden Pelotons so schwenke, daß das Peloton paralell gegen die Bataille = Linie ankomme.

Endlich in allen successiven Formationen sollen die Chefs der Züge niemalen: r i c h t e u c h! commandiren, bevor der Jalonneur nicht durch den Bataillons = Chef oder Adiutanten ist auf der Bataillen = Linie berichtiget worden.

§.

Colonne mit ganzer Distanz der rechte Flügel vor Front rükwärts in Bataille.

Wenn die Bataillen = Linie bestimmt und ialonnirt ist, wie solches in vorhergehendem Paragrapho ist vorgeschrieben worden, so läßt man die Colonne halten, ohngefähr auf Pelotons = Distanz von dieser Linie.

Das Peloton von der tête begibt sich auf das Commando seines Chefs, und indeme es den Contre = Marsch macht, hinter und wieder die beiden Jalonneurs, welche so gestellet sind, daß sie die rechte Schulter der Bataillen = Linie präsentiren; in dieser Stellung macht das Peloton von der tête Front gegen die Colonne,

unb sobald es correct auf der Bataillen-Linie
gestellet ist, so commandirt der Commandant
en Chef:

1.

Auf das erste Peloton Front rük wärts in Bataillle!

welches Commando von allen Bataillons-Chefs
repetirt wird. Der Vorderste commandirt hierauf:

2.

Bataillon!

3.

Rechts — um!

4.

Marsch!

Dieses vierte Commando thut der Commandant en Chef und wird von allen Bataillons-Chefs, und von denen Pelotons-Chefs
repetirt.

Auf das dritte Commando machen alle
Pelotons des vordersten Bataillons, ausgenommen dasienige, so auf die Bataillen-Linie gestellet ist, rechts um, und die Pelotons-Chefs
stellen sich neben ihren rechten Führer.

Auf das vierte Commando sezzen sich alle die Pelotons, wo rechts um gemacht haben, in Marsch; der linke Führer C. des Pelotons, wo am nächsten bei der Linie ist, begibt sich lebhaft vor, vor diese Linie zu ialonniren, er stellet sich auf diese Bataillen = Linie, so wie es schon vorgeschrieben ist, bei allen successiven Formationen, und deutet durch seine Stellung seinem Pelotons = Chef ohngefehr den Punkt an, wo sein Peloton die Bataillen = Linie durchschneiden soll, und wenn das Peloton zwei Schritt diese Linie passirt ist, so schwenkt er mit Rotten links, damit er sein Peloton paralell mit dieser Linie dirigire wie in F.

Sobald die erste Rotte dieses Pelotons neben die linke Flügel = Rotte des Pelotons, wo schon auf der Bataillen = Linie stehet, angekommen ist, so commandirt der Pelotons = Chef:

1.

Peloton!

2.

Halt!

3.

Front!

4.

Rechts.— richt euch!

Das erste Commando wird gethan, zwei Schritt ehe man an den Plaz kommt, wo das Peloton halten soll.

Auf das zweite Commando haltet das Peloton, und wenn sich die Rotten geöfnet haben, so rükken sie lebhaft auf.

Wenn das dritte Commando gethan ist, so stellet sich der Pelotons = Chef sogleich neben den linken Flügelmann des Pelotons, welches auf seiner rechten Hand ist, und richtet sich selbst auf dessen erstes Glied.

Das vierte Commando wird verrichtet, wie solches in dem vorhergehenden Paragrapho vorgeschrieben ist.

Alle Pelotons formiren sich nach und nach auf der Bataillen = Linie, ein iedes richtet sich auf dasienige, welches vor ihm auf dieser Linie zu stehen kommt; die linken Führer C. begeben sich vor, so wie ihre Pelotons ohngefehr auf zwölf Schritte an die Bataillen = Linie herankommen, und stellen sich auf die Distanz, wo ihr Peloton die Bataillen = Linie durchschneiden soll.

Wenn die Formation geschehen ist, so commandirt der Bataillons = Chef.

Richtung — eingerukt!

Der Bataillons = Chef haltet an dem point d'apuy, und observirt, daß die Linie richtig nach der gegebenen Direction ialonnirt wird, der Adiutant folgt der Formation und berichtiget die Stellung der Jalonneurs, indeme er auf die Winke des Bataillons-Chefs Achtung gibt.

So wie das erste Commando von dem Commandant en Chef geschehen ist, welches alle Bataillons-Chefs repetirt haben, so commandiren die folgenden Bataillons-Chefs, indeme der vorderste: Bataillon! rechts — um! commandirt, an ihre Bataillons:

1.

Bataillon schräg rechts in Colonne!

2.

Marsch!

Dieses Commando: Marsch! nehmen sie von dem Commandant en Chef ab, damit alle Bataillons sich zugleich in Marsch sezzen.

Die Bataillons werden dirigirt auf den Punkt, wo sie ihren rechten Flügel ansezzen sollen, welcher durch den Adiutanten K. bezeichnet ist, wie solches schon vorgeschrieben worden ist.

Wenn die Bataillons auf Pelotons-Distanz gegen diesen Punkt ankommen, so halten sie; der Bataillons-Chef läßt durch den

Adiutant die zwei Jalonneurs, welche die Stellung des ersten Pelotons bezeichnen, auf die Directions = Linie stellen, und dieses erste Peloton durch den Contre=Marsch auf diese Richtung stellen, hernach formirt er sein Bataillon in Bataille, so wie es vor das vorderste Bataillon vorgeschrieben ist.

Diese Formation geschiehet, wenn der linke Flügel vor ist, durch die entgegengesezten Commando's und Mittel.

Anmerkung.

Wenn die Pelotons in der Flanque gegen die Bataillen = Linie marschiren, so müssen die Pelotons=Chefs sie so dirigiren, daß sie die Bataillen=Linie etwas rükwärts ihres auf diese Linie gestellten Führers passiren.

§.

Wurf = Manoeuvre!

Wenn eine im Feld rechts = abmarschirte Colonne geschwind eine Stellung vorwärts ihrer Front einnehmen soll, um daselbst dem Feind vorzukommen, so commandirt der Commandant en Chef:

1.

Wurf = Manoeuvre!

2.

Bataillon!

3.

Halt!

4.

Links — um!

5.

Marsch!

Diese Commando's werden alle von dem vordersten Bataillons = Chef repetirt.

Auf das dritte Commando halt die ganze Colonne.

Auf das vierte Commando macht das ganze vorderste Bataillon links um, die Pelotons = Chefs stellen sich neben ihre rechte Führer. Das vorderste Peloton allein bleibt in Front ste=hen; dessen Chef commandirt an selbiges; Köpfe — rechts! und stellet sich auf dessen rechten Flügel.

Auf das fünfte Commando, welches alle Peloton=Chefs repetiren, marschirt das erste Peloton mit ganzer Front grad vor und nimmt die Richtung im Marschiren, welche ihm der Commandant en Chef geben wird.

Die folgenden Pelotons = Chefs, indeme sie sich neben ihre linken Führer stellen, avertiren ihre Pelotons, daß sie im geschwinden Schritt antreten werden; auf das Commando Marsch! führen sie ihre Pelotons durch eine Rotten = Schwenkung rechts, und halten immer ihre Pelotons = Distanz rechts; so wie ein Peloton in die Richtung des vordersten Pelotons kommt, commandirt sein Chef:

Ordinairen Schritt! Marsch!

der Pelotons = Chef haltet seinen linken Führer immer in der Richtung des vordersten Pelotons, so in Front marschirt, alle folgende Pelotons observiren das nemliche, so wie sie nach und nach in die Richtung kommen, daß sie den ordinairen Schritt nehmen und ihre Richtung und Distanz von der rechten halten.

Der Commandant observirt wol und läßt durch den Bataillons = Chef und Adiutanten die Richtung der linken Führer rectificiren, daß die von ihme dem vordersten Peloton gegebene Direction von denen folgenden genommen werde. So wie der Commandant en Chef gegen die Stellung ankommt, wo er gesonnen ist, einzunehmen, so begibt er sich entweder selbst voraus oder schift einen Adiutanten mit zwei Jalonneurs vor, und stellt diese auf Pelotons= Distanz grad vorwärts des vordersten Pelotons; in die Richtung, welche er seiner Linie geben will,

will, so wie das vorderste Peloton gegen die beiden Jalonneurs kommt, so commandirt der Chef, welches nach der vorgeschriebenen Regel repetirt wird:

1.

Bataillon!

2.

Halt!

Der erste Pelotons = Chef richtet sein Pe= loton rechts, hinter die beiden Jalonneurs, die übrigen Pelotons = Chefs, nachdeme sie das: Halt! repetirt haben, commandiren:

Front!

Links — richt euch!

und treten vor die Mitte ihrer Züge, die Pe= lotons = Distanz wird wol gehalten worden seyn, die linken Führer richten sich genau auf die zwei vorgestellte Jalonneurs, ihre Richtung wird lebhaft durch den Adjutanten rectificirt, wenn solches geschehen, läßt der Commandant en Chef durch die vorgeschriebenen Commando's und Regeln links in Bataille stellen.

Wenn noch nicht alle Pelotons in der Richtung des vordersten Pelotons wären, so marschiren sie fort, halten, wenn sie auf die

S

Richtung kommen und schwenken links in Bataille ein auf das Commando ihres Chefs.

Die Chefs der übrigen Bataillons repetiren die Commando's 1. 2. und 3. des Commandanten en Chef, commandiren hierauf:

Bataillon schräg links in Bataille!

Geschwinder Schritt!

Marsch!

Das Marsch repetiren sie nach dem Commandanten en Chef und iedes Bataillon formirt seine Colonne und haltet seine Distanz von der rechten ab, und stellen sich in Bataille, wie solches in dem Sphs vorwärts in Bataille ist vorgeschrieben worden, mit der Front der Pelotons, oder in der Flanque, wie solches das Terrein erlaubet.

Articul VIII.

Verschiedene Arten eine Colonne mit halben Distanzen auf die Bataillen-Linie aufmarschiren zu lassen, der rechte oder linke Flügel vorne.

1mo. Links oder rechts in Bataille, indeme man die Distanzen von hinten nimmt.

2do. Rechter Hand oder linker Hand in Bataille.

3tio. Vorwärts in Bataille, um Front zu machen nach der Seite, wo die Colonne ihren Marsch hin dirigirt.

4to. Front rükwärts in Bataille, um Front zu machen nach der entgegengesezten Seite, gegen welche die Colonne marschirt.

§.

Colonne mit halber Distanz, der rechte Flügel vor, links in Bataille, indeme die Distanzen von hinten genommen werden.

Man supponirt die Colonne im Marsch auf der Linie, gegen welche sie in Bataille aufmarschiren soll.

Wenn das lezte Peloton auf dem Flek angekommen ist, wo der Commandant den linken Flügel ansezzen will, so commandirt er:

Die Distanzen von hinten genommen!

Sobald der Bataillons = Chef dieses Commando repetirt hat, so begibt er sich rükwärts

S 2

und Front gegen den Führer des hintersten Pelotons. Wir nehmen an, es wäre das achte Peloton des zweiten Bataillons. Er avertirt den Chef des achten Pelotons, es halten zu lassen, welcher commandirt:

1.

Achtes Peloton!

2.

Halt!

3.

Links — richt euch!

Auf das zweite Commando haltet das achte Peloton.

Der linke Führer dieses Pelotons macht zu gleicher Zeit rechts umkehrt, und schauet auf den Commandanten en Chef oder Bataillons-Chef, welcher von beiden sich rükwärs begeben hat.

Auf das neinliche Commando gehet der linke Führer des siebenten Pelotons im geschwinden Schritt vorwärts, so viel Schritte, als die Front eines Pelotons beträgt, macht rechts umkehrt, berichtiget seine Distanz, und stellet sich auf die Direction, die ihm der Chef angezeiget.

So wie sich das siebente Peloton seinem linken Führer nähert, so commandirt dessen Chef:

1.

Siebentes Peloton!

2.

Halt!

3.

Links — richt Euch!

Auf das Commando: Halt! so an das siebente Peloton geschehen ist, begibt sich der linke Führer des sechsten Pelotons ebenfals vor, und verhält sich eben so, wie dieser des siebenten Pelotons, und so fort von Peloton zu Peloton, bis an die tête der Colonne, mit dem Unterschied, daß der Chef des ersten Bataillons Achtung gibt, daß, wenn das zweite Bataillon seine Distanz hat, der linke Führer des achten Pelotons ausser der Pelotons = Distanz, noch die Bataillons = Distanz abschreitet.

Wenn mehrere Bataillons sind, so ist das nemliche vor alle lezten Pelotons eines ieden Bataillons zu observiren.

Wenn alle Pelotons eines Bataillons richtig auf ihrer Distanz stehen und die linken Füh-

rer berichtiget sind, welches der Adiutant versiehet, indeme er der Bewegung folget, und
sich rükwärts des Führers, wo rechts um kehrt
gemacht hat, stellet, und siehet, ob er sich
richtig auf die vom Chef angezeigte Direction
stellet, so revidirt er alle Führer des Bataillons.
Wenn dieses geschehen, commandirt der Bataillons = Chef:

Führer — rechts um — kehrt!

Wenn alle Bataillons stehen, so kann
man sie entweder links in Bataille schwenken
lassen, oder sie in Marsch sezzen, so wie es der
Commandant en Chef vor gut befindet.

Wenn die Colonne halten thäte, anstatt
daß sie im Marsch ist, und der Chef will die
Distanzen von hinten nehmen lassen, so commandirt er:

1.

Die Distanzen von hinten genom=
men!

2.

Das achte Peloton bleibt stehen!

3.

Richtung links!

4.

Bataillon vorwärts!

5.

Marsch!

Auf das dritte Commando macht der linke Führer des achten Pelotons rechts um kehrt; der Commandant en Chef oder Bataillons-Chef stellet sich rükwärts wie oben.

Auf das Commando: Marsch! sezzet sich die ganze Colonne in Marsch, und der linke Führer des 7ten Pelotons geht lebhaft im geschwinden Schritt vorwärts, und marquirt den Plaz, wo sein Peloton halten soll, indeme er observirt, was oben vorgeschrieben ist, und so weiter.

Vor die Distanzen von vornen zu nehmen, läßt der Chef die Colonne halten, und commandirt nachher:

Die Distanzen von vornen genommen!

Er befiehlt dem Chef des ersten Pelotons, es in Marsch zu sezzen, dieser commandirt sogleich:

1.

Richtung — links!

2.

Peloton vorwärts!

3.

Marsch!

Ehe daß der zweite Pelotons-Chef seine
Distanz völlig hat, commandirt er: Richtung links! Peloton vorwärts! und
hernach: Marsch! In dem Augenblik, da
er seine Distanz hat; welches nach und nach
von iedem Peloton verrichtet wird; der Chef
des ersten Pelotons eines Bataillons nimmt
ausser der Pelotons-Distanz noch diese des
Bataillons. Jedes Peloton gibt Acht den
Schritt von dem vorhergehenden zu nehmen.

Diese Bewegungen verrichten sich auch
mit einer geschlossenen Colonne, und wenn die
Colonne den linken Flügel vor hat, so werden
sie durch die entgegengesezten Mittel verrichtet.

So oft die Distanzen von hinten genommen werden, halt sich der Bataillons-Chef
hinten auf, macht Front gegen die Führer und
berichtigt ihre Stellung, der Adiutant folgt der
Bewegung iedes Führers.

Wenn die Distanzen von vornen genommen werden, so bleiben die Bataillons = Chefs an der tête ihres Bataillons und der Adiutant folgt der Bewegung iedes Pelotons, damit sie richtig auf ihrer Distanz antreten.

Es ist sehr wesentlich, daß ieder Führer, indeme er sich vorwärts begibt, um den Plaz zu bezeichnen, wo sein Peloton halten soll, sehr genau auf die Distanz stelle, die nöthig, vor die Fronte des Pelotons wo vor dem Seinigen gehalten hat, und sich wol auf die Richtung der Führer stelle, wo vor ihn auf der Directions = Linie sich gestellet haben.

Colonne mit halber Distanz der rechte oder linke Flügel vor, rechter oder linker Hand in Bataille.

Diese Bewegung geschiehet, wie solches vorgeschrieben ist, vor eine Colonne mit ganzer Distanz.

Colonne mit halber Distanz vorwärts in Bataille.

Diese Bewegung kann nicht mit der Front der Pelotons geschehen, weil die Distanz zwischen denen Pelotons nicht hinlänglich vor die Schwenkung ist; diese Formation wird dann mit der Flanque der Pelotons oder durch ein Deployement geschehen.

Colonne mit halber Diſtanz Front rük-
wärts in Bataille.

Dieſe Bewegung verrichtet ſich ſo, wie
es vorgeſchrieben iſt vor eine Colonne mit ganzer Diſtanz.

Articul IX.

Von dem Deployement der geſchloſſenen
Colonnen.

In den meiſten Vorfällen, die im Feld
vorkommen können, daß ſich ein Troupp durch
das Deployement formiren ſoll, wird wol nach
einem Marſch ſeyn.

So wie der Commandant en Chef vor-
aus ſiehet, daß er ſich durch dieſes Mittel in
Bataille ſtellen wird, ſo wird er, wenn nicht
in Pelotons marſchirt wird, in währendem
Marſch die Pelotons formiren laſſen, ſo wie
ſolches bei dem Unterricht der Compagnien vorgeſchrieben iſt, wenn er ſich der Stellung nähert, in welche er geſonnen iſt in Bataille auf-
zumarſchiren, wird er vorläufig und immer im
Marſchiren auf halbe Diſtanz ſchlieſſen laſſen,
hernach die Diviſions formiren, und
zum Deployren ſchlieſſen laſſen, um damit, wenn
er gegen die Stellung ankommt, er ohne Zeit-
verluſt ſich in Linie deployren kann.

Er wird einen Staabsofficier oder Adiutanten mit zwei Jalonneurs voraus geschikt haben, welchen er die Merkmale wird angezeigt
haben, auf welchen die Flügel seiner Linie sollen gerichtet seyn. Dieser Adiutant stellet die
zwei Jalonneurs so, daß die vorderste Division
wider sie zu stehen kommt, diese Jalonneurs
nehmen zwischen sich nicht gar die Divisions-
Distanz.

Die Principia der Directions-Veränderungen in geschlossener Colonne geben die Mittel an die Hand, eine solche Colonne nach allen
Seiten zu bewegen, so werden die Deploye-
ments immer gerad und paralell seyn, weil man
immer vorher der Colonne die Direction geben
wird, die die Linie hat, auf welcher sie deployren soll.

Also kann eine geschlossene Colonne sich formiren :

1mo. Vorwärts in Bataille durch das Deployement.

2do. Front rükwärts in Bataille durch den
Contremarsch und das Deployement.

3tio. Rechts oder links in Bataille, durch die
Directions-Veränderung in geschlossener
Colonne und das Deployement.

4do. Rechter oder linker Hand in Bataille,
indeme sie sich rechter oder linker Hand

mit geschlossenen Bataillons in Bataille stellet und hernach deployret.

§.

Man supponirt in diesem Exempel, ein erstes Bataillon a. in geschlossener Colonne mit Divisions der rechte Flügel vor, welches durch eine Directions=Veränderung b. parallel gegen die Bataillen=Linie ist, welche durch die beiden Jalonneurs d. und e. marquirt ist.

Der Bataillons=Chef läßt sie ohngefehr auf zwei Schritte von denen Jalonneurs halten.

Die gegenwärtige Voraussezzung begreift alle Fälle in sich.

Der Bataillon= Chef commandirt:

1.

Auf die zweite Division deployret die Colonne!

2.

Rechts und links — um!

3.

Marsch!

Auf das erste Commando avertirt ieder Divisions = Chef die Seinige, daß sie rechts oder links um machen soll.

Auf das zweite Commando machen die Divisions, wo rechts der Richtungs = Division sollen zu stehen kommen, als wie hier die Grenadier und erste Division rechts um, und die Chefs dieser beiden Divisionen stellen sich neben ihre rechten Führer; die welche links der Richtungs = Division sollen zu stehen kommen, das ist die 3te und 4te Division machen links um, und ihre Chefs stellen sich neben ihre linken Führer. Die Richtungs = Division bleibt vor ihrer Mitte.

Auf das dritte Commando treten alle Divisions an im geschwinden Schritt, welche rechts oder links um gemacht haben, der Chef der Grenadier = Division dirigirt sich grad vorwärts und gibt wol Acht, daß er nicht über die Directions = Linie schreite, welche durch ein auswärtsgelegenes Merkmal, der durch einen Jalonneur f. bezeichnet ist, dieses Merkmal muß ihm der Adiutant anzeigen, wenn er grad marschirt ist; so wird er, wenn er haltet, zwei Schritte hinter der Directions = Linie stehen.

Die rechten Führer h. der Divisions, wo rechts um gemacht haben und die linken Führer derer, wo links um gemacht haben, dirigiren sich grad vorwärts, ohne sich weder der Bataillen = Linie zu nähern, noch zu entfernen, die Divisions = Chefs, welche neben ihnen sind, geben wol hierauf Acht, daß die Divisions in einer paralellen Linie mit der Bataillen = Linie bleiben.

Jeder Divisions = Chef bleibt stehen, auf das Commando: Halt! welches an die Division geschehen, wo vor der seinigen deployrt, und beurtheilt den Augenblik, wo er an die Seinige Halt! commandiren soll, nach der Distanz von ihm zu seinem Führer, der vor der Division marschirt.

Der Chef der ersten und dritten Division, welche neben ihren Führer stehen, bleiben stehen und sehen ihre Divisions ablaufen; der Chef der ersten Division, indeme er seine Distanz beurtheilet, wie vorgeschrieben ist, commandirt:

1.

Erste Division!

2.

Halt!

3.

Front!

und begibt sich sogleich vor die Mitte seiner Division, indeme er commandirt:

Köpfe — links!

Der Chef der zweiten Division, so wie
er siehet, daß solche von der ersten wird demasquirt werden, commandirt:

1.

Köpfe — rechts!

2.

Zweite Division vorwärts!

3.

Marsch!

Auf das Commando: Marsch! welches
iust in dem Augenblik geschiehet, wo die zweite
Division demasquirt wird, marschirt sie, weil
sie nur wenige Schritte von der Bataillen=Linie
entfernet ist, im ordinairen Schritt gegen dieselbige, und wenn sie auf zwei Schritte von
denen Jalonneurs d. und e. welche auf dieser
Bataillen=Linie stehen, angekommen ist, so
commandirt ihr Chef an selbige:

4.

Zweite Division!

5.

Halt!

Auf das fünfte Commando haltet die zweite Division, der Chef dieser Division begibt sich sogleich auf ihren rechten Flügel und commandirt:

6.

Rechts richt — euch!

Der Chef der Division richtet selbige und commandirt hernach:

Steht!

während dieser Zeit werden die Grenadier die erste Division demasquirt haben, und ihr Chef, welcher auf das Commando: Halt! an die erste Division ist stehen geblieben, commandirt:

1.

Grenadier!

2.

Halt!

3.

Front!

Auf das Commando: Front! begibt sich der rechte Führer auf die Bataillen Linie, macht
links

links um, und richtet sich correct auf die zwei Jalonneurs, wo vor der zweiten Division stehen.

So wie der Chef der ersten Division K. seine Division demasquirt siehet, so Commandirt er:

1.

Erste Division — vorwärts!

2.

Marsch!

Die erste Division marschirt gegen die Bataillen-Linie, wenn sie auf zwei Schritte davon ist, commandirt ihr Chef:

3.

Division!

4.

Halt!

So wie der Chef der ersten Division dieses vierte Commando gethan hat, so stellet er sich an den Plaz des Chefs der zweiten Division, welcher ins zweite Glied zurük tritt

T

Der rechte Führer der ersten Division stellet sich auf die Bataillen-Linie, macht links
um, und richtet sich auf die zwei Jalonneurs,
welche vor der Richtungs-Division stehen.

Der Chef der ersten Division commandirt hierauf:

5.

Links — richt euch!

Der Divisions-Chef richtet seine Division und commandirt hierauf:

Steht!

Sobald der Chef der Grenadiers die erste
Division in der Richtung siehet (und ohne zu
warten, daß ihr Chef: Steht! commandirt)
stellet er sich neben den rechten Flügelmann der
1sten Division und commandirt: links —
richt euch! und richtet die Grenadier-Di-
vision.

Das Deployement des linken Flügels geschiehet nach den nemlichen Grundsäzzen.

Der Chef der dritten Division, welcher in
der Höhe der linken Flanque der zweiten Division ist stehen geblieben und die seinige hat
ablaufen sehen, läßt sie halten, so wie es dem
ersten Divisions-Chef vorgeschrieben ist, und
begibt sich lebhaft vor die Mitte seiner Division
und commandirt:

1.

Köpfe — rechts!

2.

Dritte Division — vorwärts!

3.

Marsch!

Auf das dritte Commando begibt sich die dritte Division im geschwinden Schritt gegen die Bataillen-Linie, auf zwei Schritt von dieser Linie commandirt ihr Chef an selbige:

4.

Division!

5.

Halt!

Nachdem er dieses Commando gethan, stellet er sich neben den linken Flügelmann der zweiten Division, der linke Führer stellet sich zugleich auf die Bataillen-Linie, macht rechts um und richtet sich auf die zwei Jalonneurs, wo vor der Richtungs-Division stehen.

Der Chef der dritten Division commandirt hierauf:

T 2

6.

Rechts — richt euch!

und richtet seine Division, welche die Augen
gegen ihn gedrehet hat, und commandirt hernach:

Steht!

Die vierte Division observirt alles, was
vor die dritte Division vorgeschrieben ist.

Wenn das Deployement geendigt ist, so
commandirt der Bataillons-Chef:

Richtung — eingerukt!

Auf dieses Commando nehmen alle Divisions-Chefs, die durch rechts um deployrt haben, so wie auch alle Jalonneurs ihre Bataillen-
Plätze wieder ein.

Der Bataillons-Chef folget dem Deployement des rechten Flügels und berichtigt die
Stellung der Führer; der Adiutant befolgt dieses auf dem linken. Wenn mehrere Bataillons
aus der nemlichen Colonne deployren, so befolgen dieses die Adiutanten allein, ausser bei
dem Bataillon, in welchem die Richtungs-
Division ist.

Uibrigens werden sie bei dem Deployement die Bataillons-Intervalle abschreiten und

zwei Jalonneurs auf die Richtung der ersten Division stellen.

Wenn die Divisions nur wenig Schritte zu machen haben, um gegen die Bataillen = Linie zu marschiren, so verrichten sie es im ordinairen Schritt; als wie in diesem Exempel die Divisions 1. und 2., die wo etwas entfernt sind, als wie die Divisions 3. und 4. verrichten dieses im geschwinden Schritt, wo alsdann die Chefs dieser Division vor dem Commando: Marsch! avertiren, geschwinder Schritt.

Bei dem ersten Unterricht, wird die ganze Bewegung im ordinairen Schritt gemacht, und erst, wenn ieder Mann vollkommen unterrichtet ist, wird der geschwinde Schritt gebraucht.

Bei einer Colonne von mehreren Bataillons ist kein Unterschied. Der Commandant en Chef observirt nur, daß er commandirt:

Auf diese Division dieses Bataillons deployrt die Colonne!

Die Jalonneurs, wo vor die Richtungs-Direction gestellet werden, halten die Kolben hoch, so wie auch diese vor den Flügeln derer Bataillons.

Anmerkungen.

Die Divisions = Chefs geben Acht im deployren, daß der Flanquen = Marsch wol ver=

richtet werde, und wenn Oefnungen entstehen
sollten, welches doch niemalen geschehen soll,
so werden die Divisions aufschliessen, auf das
Commando: Halt!

Wenn ein Divisions = Chef dieses Com=
mando zu früh thäte, so würde er den nöthi=
gen Raum vor seine Division nicht haben, wenn
er es zu späth thäte, so müßte sich die Divi=
sion Rottenweiß nach der Richtungs = Division
hinziehen, in dem einem und dem andern Fall
würde sich der Fehler auf die folgende Divisio=
nen verbreiten, und würde, wenn man dem
Fehler nicht vorbeugte, Unordnung in dem Ba=
taillon verursachen.

Die Divisions in währendem Deployren,
marschiren in der nemlichen Höhe und obser=
viren ihre Distanz von der Seite der Bataillen=
Linie.

Diese Haupt = Grundsätze appliciren
sich auch auf eine Colonne, die sich ganz
auf ihre erste oder auf ihre letzte Di=
vision deployren sollte. In dem ersten Fall wer=
den die Divisions alle observiren, was in dem
vorhergehenden Exempel denen Divisions 2. 3.
und 4. vorgeschrieben ist, und in dem zweiten
Fall alles, was vor die Division, 2. 1.
und Grenadier vorgeschrieben ist.

In einer Colonne der linke Flügel vor,
würde diese Bewegung durch die entgegengesezten
Mittel, aber auf die nemliche Art verrichtet.

§.

Wenn eine Colonne aus einer ziemlich starken Anzahl Bataillons bestehet, und in Masse geschlossen ia, so wird man gewöhnlich, ehe das General Deployement geschiehet, vorhero mit geschlossenen Bataillons deployren lassen.

Man supponirt hier eine geschlossene Colonne von vier Bataillons, und daß der Commandant en Chef solche mit geschlossenen Bataillons auf das dritte Bataillon deployren will, läßt er sogleich vor die Front der Colonne zwei Jalonneurs stellen, welche die Direction bezeichnen, in welche die Colonne deployren soll, und commandirt hernach:

1.

Mit geschlossenen Bataillons auf das dritte Bataillon deployrt die Colonne!

2.

Marsch!

Auf das erste Commando, commandiren die Chefs des ersten und zweiten Bataillons.

1.

Erstes oder zweites Bataillon von dem Regiment N. N!

2.

Rechts — um!

Der Chef des vierten Bataillons commandirt:

1.

Zweites Bataillon von dem Regiment N. N.!

2.

Links — um!

Das dritte Bataillon bleibt stehen, sein Chef commandirt:

Richtung — links!

Auf das Commando: Marsch! werden die Bataillons, wo rechts und links um gemacht haben, aus der Colonne herausbrechen, gerade vorwärts, ihre Chefs führen sie, so wie diese der Division in dem Deployement eines Bataillons.

So wie das zweite Bataillon das dritte wird völlig demasquirt haben, und vier Schritt weiter marschirt seyn, um die Intervalle zu erhalten, so commandirt dessen Chef:

1.

Bataillon — Halt!.

2.

Front!

Köpfe — links!

Der Chef des dritten Bataillons, so wie er sein Bataillon demasquirt siehet, commandirt:

1.

Bataillon — vorwärts!

2.

Marsch!

Er läßt halten auf zwei Schritte hinter den Jalonneurs und commandirt:

Links — richt euch!

Die Division von der tête richtet sich wider die Jalonneurs, ihr Chef bessert die Richtung aus.

Die andere Divisionen dieses Bataillons nehmen die Direction dieser vordersten Division.

Der Bataillons-Chef gibt Acht, daß sich die Führer wol auf den ersten richten.

Jeder Divisions-Chef, indeme er sich zu dem linken Führer begibt, commandirt:

Links — richt euch!

So wie das erste Bataillon das zweite wird depostirt haben, der vier Schritte Abstand mit begriffen, commandirt sein Chef:

1.

Bataillon — Halt!

2.

Front!

3.

Köpfe — links!

Der Chef des zweiten Bataillons, indeme er sich demasquirt siehet, schikt seinen Adiutanten mit zwei Jalonneurs, um solche auf die Jalonneurs, wo vor dem dritten Bataillon stehen zu richten, vor die Richtung der ersten Division zu bestimmen, und commandirt hernach:

1.

Bataillon — vorwärts!

2.

Marsch!

3.

Bataillon — Halt!

4.

Links — richt euch!

Das zweite Bataillon richtet sich so wie es vor das dritte ist gesagt worden.

Der Chef des ersten Bataillons, so wie er Front gemacht hat, läßt seine Jalonneurs auf diese des zweiten und dritten Bataillons richten und commandirt:

Links — richt euch!

Das Deployement des linken Flügels wird nach den nemlichen Grundsäzzen verrichtet.

So wie das vierte Bataillon das dritte, die vier Schritte Abstand mitbegriffen, wird demasquirt haben, so commandirt sein Chef:

1.

Bataillon — Halt!

2.

Front!

3.

Richtung — rechts!

Er läßt seine Jalonneurs auf diese des dritten Bataillons richten und commandirt:

1.

Bataillon. — vorwärts!

2.

Marsch!

3.

Bataillon — Halt!

4

Rechts — richt euch!

Die Richtung geschiehet rechts auf die Art, wie sie links vor die andern Bataillons ist vorgeschrieben worden.

Wenn das Deployement geendigt ist, so commandirt der Commandant en Chef:

Führer — eingerutt!

Wenn die geschlossenen Bataillons also auf vier Schritte Abstand in Linie stehen, so kann der Commandant en Chef solche durch die Fronte oder Flanque bewegen, um sie auf den Plaz zu bringen, wo er sie deployren will.

Das General Deployement geschiehet nach denen Grundsäzzen, wo hier oben vor das Deployement eines einzigen Bataillons sind vorge-

schrieben werden, die nemlichen Commando's
und Regeln werden observirt.

Die einzige Observationen, wo zu machen
bleiben, ist, daß der Commandant en Chef
durch sein Commando anzeigt, auf welche
Division welches Bataillons deployrt werden soll;
vor die Masse, in welcher diese Division stehet,
werden die zwei Jalonneurs etablirt, welche
die Richtung bezeichnen, in welche soll deployrt
werden.

Die Bataillons = Chefs werden wol Achtung
geben, daß sie die Division ihres Bataillons,
wo zuerst halten soll, nicht eher halten lassen,
bis sie ihre Bataillons = Intervalle haben.

So wie diese Division halt macht, so
läßt der Bataillons = Chef zwei Jalonneurs durch
den Adiutanten grad vorwärts dieser Division
auf die Bataillen = Linie stellen, die sich auf die
richten, wo vor dem Bataillon stehen, in welchem die Richtungs = Division ist. Wenn diese
Division gerichtet ist, so richten sich die folgende
auf sie.

Der Commandant en Chef gibt hauptsächlich auf die Richtung der Jalonneurs Achtung, wo vor der Richtungs = Division stehen,
und daß die ersten Jalonneurs iedes Bataillons richtig gestellet werden; zu dem Ende, daß
er die Hauptrichtung besser distinguiren kann,
werden die Jalonneurs der Richtungs = Division

und diese vor denen Flügeln der Bataillons die Kolben hoch haben.

§.

Mit geschlossenen Bataillons rechter Hand in Bataille.

Eine Colonne von mehreren geschlossenen Bataillons, wenn man sie will rechter Hand in Bataille sezzen, so wird man nach und nach iedes geschlossene Bataillon rechter Hand in Bataille sezzen.

Diese Bewegung geschiehet durch eine Directions-Veränderung mit der Fronte der geschlossenen Bataillons nach und nach.

Der Commandant en Chef wird solchergestält die Bataillen-Linie bestimmen, daß iedes geschlossene Bataillon, nachdeme es geschwenkt hat, zum wenigsten 25. Schritte zu machen hat, um wider diese Linie zu kommen.

Wenn die Colonne im Marsch ist, so läßt sie der Commandant en Chef halten, auf einige Schritte von dem Punkt, wo das vorderste Bataillon anfangen soll zu schwenken, und commandirt hernach:

1.

Mit geschlossenen Bataillons rechterhand in Bataille!

2.

Marſch!

Auf das erſte Commando commandirt der Chef des vorderſten Bataillons:

Bataillon — vorwärts!

Die andern Bataillons = Chefs avertiren die ihrigen, daß ſie ſtehen bleiben.

Das Commando: Marſch! wird nur von dem vorderſten Bataillons = Chef repetirt.

Wenn dieſes Bataillon an den Punkt kommt, wo der Chef angezeiget, daß es ſchwenken ſoll, ſo verrichtet es die Directions = Veränderung nach der vorgeſchriebenen Art.

Der Bataillons = Chef ſchikt den Adjutant voraus, daß er auf der Bataillen = Linie die Stellung der vorderſten Diviſion ialonnire.

Das Bataillon wird gerichtet, wie es bei dem Deployement der geſchloſſenen Bataillons vorgeſchrieben iſt.

So wie der Commandant ſiehet, daß das zweite Bataillon ſich in Marſch ſezzen kann, ohne von der Bewegung des vorderſten gehindert zu ſeyn, ſo avertirt er den Chef dieſes Bataillons, welcher commandirt:

1.

Bataillon — vorwärts!

2.

Marsch!

Wenn er das erste Bataillon vorbei ist, so läßt er sein Bataillon eine Directions-Veränderung rechts machen, so daß er die vier Schritte Intervalle von dem ersten Bataillon bekommt.

Der Chef dieses zweiten Bataillons schikt den Adiutanten ab, um voraus die zwei Jalonneurs zu richten, welche die Richtung des Bataillons bezeichnen sollen.

Alle Bataillons sezzen sich auf diese Art in Marsch, der Commandant en Chef wird den Abmarsch eines ieden bestimmen nach der Bewegung des vorhergehenden, damit kein Auffenthalt entstehe.

Wenn die Colonne den linken Flügel vor hätte, so würde sie sich linker Hand in Bataille formiren, durch die entgegengesezten Mittel.

§.

Mit geschlossenen Bataillons links in Bataille.

Da iedes geschlossene Bataillon mehr Front als Tiefe hat, so hat sie nicht, den Zwischenraum

raum von vier Schritt inbegriffen, welcher die Bataillons scheidet, den nöthigen Raum, um mit Bataillons links zu verändern.

Der Commandant en Chef wird dann von der Queue der Colonne an die Distanz von einem Peloton nehmen laſſen: hierzu commandirt er:

1.

Colonne — vorwärts!

Das vierte Bataillon bleibt ſtehen; die Chefs der drei erſten Bataillons repetiren:

Bataillon — vorwärts!

Der Chef des vierten avertirt das ſeinige, daß es ſoll ſtehen bleiben.

2.

Marſch!

Dieſes Commando wird von denen Chefs derer drei erſten Bataillons repetirt.

Der Commandant en Chef avertirt den Chef des dritten Bataillons, daß er ſein Bataillon halten läßt, ſobald das vierte den nöthigen Raum hat, um ſeine Directions-Veränderung zu vollziehen. So avertirt er iede Bataillons, ie nachdeme ſie die nöthige Distanz hinter ſich gelaſſen haben.

U

Wenn alle Bataillons die nöthige Distanz haben, so commandirt der Commandant en Chef:

1.

Mit geschlossenen Bataillons links in Bataille!

2.

Marsch!

Auf das erste Commando, commandirt ieder Bataillons = Chef:

1.

Links Direction verändert!

2.

Richtung — rechts!

3.

Marsch!

Auf das Commando: Marsch! wird die Directions = Veränderung durch iedes Bataillon verrichtet.

Wenn die Directions = Veränderung geendiget ist, so commandirt ieder Bataillons Chef:

1.

Bataillon — Halt!

2.

Rechts — richt euch!

Der Commandant en Chef wird die Bataillen-Linie vorher bestimmet haben, er schikt die Adiutanten mit zwei Jalonneurs per Bataillon auf diese Linie, diese werden so placirt, daß sie die rechte Schulter deren Bataillons präsentiren, und der von der rechten iedes Bataillons auf diese Führer gerichtet seyn, um zu Directions-Punkten zu dienen, wenn die Bataillons wider die Richtungs-Linie marschiren.

Der Commandant en Chef commandirt, wenn dieses geschehen:

1.

Bataillons — vorwärts!

2.

Marsch!

Die rechten Führer ieder Colonne dirigiren sich auf den rechten Jalonneur, bei welchem der Adiutant stehet.

Jeder Bataillons = Chef läßt sein Bataillon halten, auf vier Schritte von der Richtungs-
Linie, und läßt es gegen die Linie richten auf
die Art, wo vorgeschrieben ist:

Anmerkung.

Wenn man auf die tête von iedem Bataillon die Colonne hat schliessen lassen, wenn
man auch schon vorher in Sections = Distanz
marschirt wäre, so können diese Directions = Veränderungen gemacht werden ohne halten zu lassen, noch die Distanz von hinten zu nehmen.

Articul X.

§. 1.

Von dem Marsch in Bataille.

Ein oder mehrere Bataillons ehe sie zum
Marsch in Bataille antreten, werden immer
sehr correct gerichtet seyn.

Es seie ein Bataillon correct gerichtet und
wird supponirt, daß es ein Richtungs = Bataillon ist, so begibt sich der Bataillons = Chef und
wenn mehrere Bataillons sind, der Commandant en Chef ohngefähr 60. Schritte rükwärts
der Fahnen = Rotte, der Officier, wo die Direction hat, oder der Adiutant begibt sich zugleich
15. oder 20. Schritte vorwärts dieser Rotte
und macht Front gegen selbige, und stellet sich

sehr genau in deren Richtung, der Chef nimmt einen Punkt vorwärts in dem Feld, in der Verlängerung der Linie, wo die Fahnen-Rotte, und der Officier, wo sich vor selbige gestellet hat, bildet, und stellet rükwärts der Fahnen-Rotte zwei Jalonneurs a. und b. auf die nemliche verlängerte Linie, welche zu der Fronte des Bataillons perpendiculair seyn muß.

Die zwei Jalonneurs machen Front rükwärts, und auf 30. Schritte Abstand von einander gestellet: der erste a. stehet auf dem nemlichen Abstand von dem dritten Glied des Bataillons.

Da diese Punkte die Marsch-Direction der ganzen Linie bestimmen, so ist es ausserordentlich wichtig, sie mit der grösten Accuratesse auf eine Linie zu stellen, die perpendiculair auf die Bataillen-Linie ist. Der Commandant en Chef wird sich selbsten dieser richtigen Stellung versichern, und wird hernach einem General-Adiutanten oder Staabs-Officier auftragen, die Aufsicht zu haben während dem Marsch, auf die richtige Stellung des successiven Jalonnements: es wird, indeme das Bataillon vorwärts marschirt, ein dritter Jalonneur 30. Schritte vorwärts gegen das Bataillon gestellet werden, so wie dieser richtig stehet, so gehet der hinterste ab, und so wird immer indeme das Bataillon vorwärts kommt, demselben nach ialonnirt, so daß immer die perpendiculaire Direction beibehalten werde.

Der Fähndrich, welchem der Schritt und die richtige Haltung der Direction aufgetragen ist, wird einige Punkte auf der Erde nehmen.

Den ersten 12. oder 15. Schritte vor sich und in der Directions-Linie, welche von ihm ab zwischen denen Absätzen des vorgestellten Officiers durchstreichet, und auf das vorwärts gelegene entfernte point de vue zutrift. Er wird im vorwärts marschiren immer neue Zwischenpunkte auf der Erde nehmen. Der Commandant en Chef kann zwei Punkte rükwärts nehmen in der Direction der Jalonneurs, damit er durch selbige beurtheilen kann, ob während dem Marsch richtig ialonnirt wird, diese Punkte werden nur ihm bekannt seyn.

Wenn die Linie von sehr vielen Bataillons componirt ist, so wird man, damit die Directions-Fahnen wol distinguirt werden, an die Lanzen dieser Fahnen eine rothe Flamme appliciren, das Bataillon, wo rechts oder links des Richtungs-Bataillons ist, wird auch von dem commandirenden Chef zum Directions-Bataillon ernennet werden, und an dessen Fahne eine rothe Flamme gethan, damit diese beide Fahnen zwei Punkte vorstellen, in deren Richtung die andere Bataillons-Chefs ihre Fahne immer erhalten müssen.

Der Commandant en Chef wird diese Directions-Bataillons in der Mitte der Linie wählen, oder auch auf einen Flügel, wie es seinen Absichten am angemessensten ist.

Es wird nur hinter dem einzigen Richtungs-Bataillon ialonnirt werden, dessentwegen können doch die andere Bataillons-Chefs sich Punkte vor und rükwärts nehmen, um den Marsch ihres Fahnen darauf zu dirigiren.

Wenn diese gewählten Linien exact paralell mit der Marsch-Linie des Richtungs-Bataillons wären, so könnten sie sich völlig darauf verlassen, da diese Exactitude aber sehr schwer zu erhalten ist, so werden sie diese genommene Punkte verlassen, wenn sie sehen, daß sie nicht in dem gehörigen Zusammenhang mit dem Richtungs-Bataillon bleiben, und andere Punkte nehmen, iedoch allezeit ohne sich zu sehr auf selbige zu verlassen.

Wenn die Marsch-Linie des Richtungs-Bataillons ialonnirt ist, so commandirt der Commandant en Chef:

1.

Diese zwei Bataillons dienen zur Richtung!

2.

Bataillon — vorwärts!

3.

Marsch!

Das erſte unb zweite Commanbb repetiren alle Bátaillons = Chefs.

Auf das zweite Commanbo marſchiren die
erſten Glieder der Fahnen = Pelotons ſechs Schritt
im ordinairen Schritt vor, das zweite Glieb
im Fahnen = Peloton tritt an ihren Plaz ins erſte
Glieb.

Dieſe ſechs Schritte müſſen in allen Fahnen = Pelotons ſehr exact von zwei Schuh gemacht werben, wenn bieſes iſt, ſo müſſen ſie
paralell mit der Front des Bataillons ſtehen,
bie Abiutanten werben hierauf Achtung geben,
unb bie Stellung rectificiren, wenn ſolche nicht
ſo wáre.

Auf das Commanbo: M a r ſch! welches
alle Bataillons = Chefs mit der gröſten Accurateſſe zugleich repetiren müſſen, treten alle Bataillons lebhaft an, das erſte Glieb bes Fahnen = Pelotons, wo vor marſchirt, ſchauen auf
ben Fáhnbrich, wo ununterbrochen auf bie
vorwárts gelegéne Punkte ſchauet, bas zweite
Glieb des Fahnen = Pelotons ſchauet immer grab
vor auf bas erſte unb halten exact bie ſechs
Schritte Abſtanb, bie rechten Flügel des Bataillons ſchauen links auf, auf das Commanbo
M a r ſch!

Der Abiutant k. bei bem Richtungs-Ba-
taillon haltet ben Fáhnbrich d. in wáhrenbem
Marſch gerichtet auf bie rukwárts gelegene
Punkte a. unb b.

Er begibt sich dieserwegen zu Zeiten einige
Schritte vor, stellet sich auf die Richtung der
Punkte a. und b. der Fähndrich d. dirigirt sich
auf ihn.

Es wird auf der durch die zwei Jalonneurs
a. und b. bestimmten Linie fort marschirt,
indeme man, indem das Bataillon Terrein vorwärts gewinnet, einen dritten Jalonneur i.
hinter den ersten a. stellet auf die nemliche Richtung, alsdann verläßt der Jalonneur b. seinen
Plaz und begibt sich hinter den i. wo am
nächsten beim Bataillon ist, mit diesem Jalonnement wird fortgefahren, bis die Linie haltet,
Die Jalonneurs werden wol Achtung geben,
daß sie sich wol auf die Richtung stellen, sie
werden darinn erhalten und rectificirt werden
durch den Staabs-Officier, wo dazu ist ernannt worden, oder wenn es nur ein Bataillon
ist, durch den Officier, wo dazu ernannt ist;
welche sie auf den Punkt vorwärts wird gerichtet halten und wird zu diesem Ende sich
immer 15? oder 20. Schritte hinter dem ent-
ferntesten Jalonneur halten.

Der Bataillons-Chef wird sich vor oder
rükwärts seines Bataillons halten, wo seine Gegenwart am nöthigsten ist.

Der Directeur wird sich immer seitwärts
eines der Pelotons halten, wo rechts oder links
des Fahnen-Pelotons sind, und wird hauptsächlich Acht haben, daß diese zwei Pelotons beständig mit dem Fahnen-Peloton gerichtet

bleiben, als welche die Basis des Bataillons
ausmachen, die andere Pelotons-Chefs werden sich immer mit dieser Basis gerichtet halten,
und niemalen leiden, daß die Pursche ihrer Pelotons vorprellen. Wenn ein Peloton vor oder
zurük ist, so muß es nach und nach die Richtung wieder gewinnen und nie auf einmal.

Der Officier, der die Direction hat,
observirt wechselsweise beide Flügels und avertirt der oder der Pelotons-Chef auf die Linie,
wenn ein Peloton nicht richtig marschirte.

Die Serrefilles observiren immer zwei
Schritte Abstand von dem dritten Glied ihrer
Pelotons.

Wenn ein Bataillons-Chef wahrnimmt,
daß sich der Schritt in seinem Bataillon vernachläßiget, so commandirt er :

I'Achtung!

Tritt

auf welches Commando der Schritt lebhaft
marquirt wird.

Der Commandant en Chef wird sich hauptsächlich mit der Richtung der zwei Directions-
Fahnen occupiren, während dem Marsch, alle
andere Bataillons-Chefs halten ihre Fahnen
immer in der Richtung der zwei, wo zur Direction dienen.

Wenn alle Bataillons nicht auf der nemlichen Linie stünden, wann die Linie antritt,
so würden, weil ihre Directionen verschieden
sind, die Intervallen sich in den ersten Schritten verlieren, und würde eine Unordnung dar-
aus entstehen, der sehr schwer abzuhelfen wäre.

Wenn die Jalons des Richtungs-Bataillons nicht perpendicular auf die Bataillen-
Linie gestellet wären, und daß sich diese Direction entweder rechts oder links senken thäte,
so würden die Bataillons von der Seite, nach
welcher sie sich senkt, ihre Intervals verlieren;
ie weiter die Linie in dieser Direction marschiren würde, ie mehr würden diese Bataillons auf einander schliessen und das Drängen
und die Unordnung in diesem Theil der Linie
würde sehr stark seyn. Die Intervals von
dem andern Theil der Linie, würden sich in
dem Verhältniß vergrössern, und die Linie würde, eine irregulaire Directions-Veränderung
machen.

Die Fahnen der Directions-Batail-
lons werden sehr exact nach denen vor sie ver-
ordneten Grundsäzzen marschiren, der Commandant en Chef wird, wie schon gesagt, besonders auf sie Achtung geben.

In denen andern Bataillons werden die
Bataillons-Chefs oder Directions-Officiers
ihre Fahnen immer auf die Directions-Fahnen
gerichtet halten.

Das Richtungs-Bataillon hat seine perpendiculaire Marsch-Direction geometrisch gesichert, so hängen alle andere Bataillons von ihm ab, und halten die Bataillons-Intervalle von ihm ab.

In diesem Exempel wird eine Linie von 4 Bataillons angenommen, wovon das zweite von der rechten das Richtungs-Bataillon ist, und das dritte die Direction mit ihm hat.

Wenn die Intervalles verlohren gehen, so wird das erste und vierte Bataillon sie durch den Seitenschritt wieder gewinnen, aber das dritte Bataillon wird die seinige wiedernehmen, indeme sein Fähndrich nur das point de vue ein wenig verändert, denn der Seitenschritt würde ihm Terrein verliehren machen, und der Fahnen würde zurük kommen, und folglich die Stellung der zwei Directions-Fahnen nicht mehr paralell mit der ersten Bataillen-Linie seyn, welcher Fehler sich auf die ganze Linie erstrekken wird.

Wenn ein Fahne ein wenig zurük oder vor die Directions-Fahne käme, so muß man dem Fähndrich seinen Schritt nur um zwei Zoll vergrössern oder kleiner machen lassen, um nach und nach wieder in die Richtung zu kommen.

Wenn auch diese Art der Schritt sich vergrössert oder kleiner wird, so wird solches durch die Fühlung der Ellenbogen bemerkt werden, die Pelotons-Chefs der Mitte werden den Schritt unmerklich vergrössern, welches von denen Flügels befolgt wird und soll dadurch niemalen der Marsch eines Bataillons alterirt werden.

Wenn die Fahnen-Pelotons der Directions-Bataillons einen recht legalen Schritt marschiren, sowol vor die Dauer als auch das Maas des Schrittes, und der Chef des dritten Bataillons dasselbe mit einer solchen Präcision führet, daß er die nemliche perpendiculaire Direction folget, wie das zweite Bataillon, welchem er untergeben ist, so werden diese beiden Directions-Fahnen immer eine paralelle Linie bilden mit der ersten Bataillen-Linie, und wird es denen Chefs derer andern Bataillons leicht seyn ihre Fahnen in ihrer Richtung zu halten.

In dem dritten Bataillon muß der Chef gleich von den ersten Schritten an Achtung geben, ob die perpendiculaire Direction, auf welcher sein Fahne marschirt gleichlauffend mit der des Richtungs-Bataillons ist, die Veränderung der Intervalle ist vor ihn ein untrüglichs Zeichen, daß seine Direction falsch ist, welchem er sogleich abhelfen soll, denn ie mehr er verzögert, ie schwerer und ie länger würde es dauern, diesen Fehler zu verbessern.

So wie er den point de vue fehlerhaft findet, wird er einen andern nehmen machen, und er avertirt nur diese oder iene Schulter ein wenig vor, um das Bataillon diese geringe

Directions = Veränderung nehmen zu machen,
indeme er observirt, daß diese Bewegung nicht
zu stark gemacht werde, und das Bataillon die
Direction des Richtungs = Bataillons bekomme.

Die Bataillons = Chefs und Directions=
Officiers sollen sich nicht begnügen, die Fehler
zu corrigiren, sie müssen solche voraus sehen,
und ihnen zuvor kommen.

Wenn nur zwei oder drei Bataillons in
Bataille marschiren, so sind die rothen Flammen nicht nöthig, es ist genug, wenn ein
Richtungs = Bataillon ist, auf welches sich die
andere richten.

§. 2.

Die Linie halten lassen und sie richten.

Wenn der Commandant en Chef die Linie
will halten lassen, so commandirt er:

1.

Bataillons!

2.

Halt!

Er begibt sich hierauf vor die Mitte des
Richtungs = Bataillons, vor die Stellung der

Linie zu beurtheilen, und die Richtung zu be.
stimmen, wo er ihr geben will.

Die ersten Glieder der Fahnen= Pelotons
sind auf das Commando: H a l t! durch rechts
um kehrt in die Bataillons eingerukt. Er läßt
die zwei Directions= Fahnen vortreten und ge=
gen ihn Front machen, und gibt ihnen die
Richtung, die er der Linie geben will, die Fäh=
drichs tragen ihre Fahnen perpendiculair, der
zweite Fähndrich folgt denen Degenwinken des
Commandanten en Chef, um sich in die Rich=
tung zu stellen.

Die Directions = Officiers oder Adiutanten
werden sich vorläufig auf diese Richtung stellen
um den Stand ihres Fahnen zu bezeichnen.

Hierauf commandirt der Commandant en
Chef, welches die Bataillons = Chef repeti=
ren :

Fahnen vor!

Alle Fahnen treten vor, machen Front
nach den Directions = Fahnen und werden durch
die Directions = Officiers genau auf selbige ge=
richtet. Wenn solche richtig stehen, so com=
mandirt der Chef:

Richt — Euch!

Die Bataillons = Chefs commandiren:

Richtung auf die Linie!

Auf dieses Commando treten alle Gefreiter, wo hinter den Pelotons = Chef im dritten Glied stehen, wie auch der Serrefille, wo auf dem linken Flügel iedes Bataillons stehet, vor, grade vorwärts ihrer Plätze, machen Front gegen ihre Fahne, und richten sich auf selbige, welches ihnen leicht ist, indeme ieder zwei Fahnen vor sich hat, auf welcher er sich richtig stellen kann, ausser bei denen Flügel = Bataillons, allwo sie aber auch einen zweiten Punkt bekommen durch die Stellung des Jalonneurs von dem Flügel.

Die Jalonneurs von denen Flügels nehmen, so wie sie vortreten, die Kolben hoch grad mitten vor den Leib.

Der Derections = Officier besorgt die richtige Stellung der Jalonneurs des rechten Flügels und der Adiutant die des linken.

Diese Richtung muß sehr geschwind gehen, indeme ieder Jalonneur sich sehr leicht selbsten richtig stellen kann. Die Bataillons = Chefs commandiren hierauf:

Auf die Mitte richt euch!

Auf dieses Commando treten die Pelotons zugleich an, und in Ordnung, nur in das Allignement einzurukken, so wie sie auf einen Schritt von denen Jalonneurs kommen, so rutschen sie mit kleinen Schritten in das Allignement ein. Die Soldaten richten sich nach
der

der Mitte des Bataillons und nehmen von der Mitte aus die Fühlung der Ellenbogen, ieder Pelotons = Chef richtet das seinige, wenn schon in denen rechten Flügeln die Köpfe nicht nach ihnen gewendet sind.

Wenn die Richtung schief wäre, so werden die Pelotons = Chefs, indeme sie ihre Pelotons auf die Richtung führen, ihre Direction darnach nehmen.

Wenn das Bataillon gerichtet ist, so commandiren die Bataillons = Chefs:

Richtung — eingerukt!

Der Fähndrich und alle Jalonneurs begeben sich auf ihre Bataillen = Plätze. Die rechten Flügel wenden die Köpfe rechts.

Anmerkung.

Wenn nur ein oder zwei Bataillons in der Linie sind, so wird sich der Chef der nemlichen Mittel zur Richtung bedienen, ausgenommen, daß auf das Commando:

Fahnen — vor!

nicht allein die Fähndrichs vortreten, sondern auch die Jalonneurs derer Flügel derer Bataillons und Front nach dem Flügel zu machen, wo der Chef hält, welcher ihme die Direction gibt.

X

Im übrigen wird sich verhalten wie bei mehrern Bataillons.

Wenn ein oder zwei Bataillons sehr wol marschirt sind und sich ohngefähr gerichtet finden, wenn: Halt! commandirt wird, so wird es hinlänglich seyn, daß die Pelotons = Chefs das innere ihres Pelotons ausbessern, und die Bataillons = Chefs die Pelotons = Chefs, wo nicht auf der Linie sind, avertiren. Der Pelotons-Chef auf der Linie, bei mehrern Bataillons wird es aber selten der Fall seyn, daß eine Richtung auf diese Art ausgebessert werden kann.

§. 3.
Von dem Marsch rükwärts.

Der Commandant en Chef wird die Directions = Punkte bei dem Richtungs = Bataillon stellen lassen, wie bei dem Marsch vorwärts, ausgenommen, daß sie Front gegen das Bataillon machen, und wie sich ihnen das Bataillen nähert, rükwärts ialonnirt wird; der Corporal, wo an des Fähndrichs statt die Direction hat, hält sich ohne Beihülfe in der Richtung der Jalonneurs.

Wenn der Commandant en Chef will rükwärts marschiren lassen, so commandirt er:

1.

Bataillons!

2.

Rechts um — kehrt!

3.

Bataillons — vorwärts!

4.

Marsch!

Alle vier Commando's werden von denen Bataillons = Chefs repetirt.

Auf das dritte Commando marschirt das dritte Glied des Fahnen = Pelotons acht Schritte vor, so wie dieses Glied die Serresilles passiret hat, so werden die drei Serresilles, wo zunächst hinter der Mitte sind, sich vereinigen, der wo in der Mitte ist, wird immer auf sechs Schritt Abstand von dem vormarschirenden Glied des Fahnen = Pelotons bleiben und in die Fußstapfen dessen treten, wo die Direction haltet. Das zweite Glied des Fahnen = Pelotons tritt an den Plaz des dritten und haltet sich immer auf zwei Schritte ab, von denen Serresilles, wo vor ihm marschiren.

Die Gefreiter, wo hinter denen Pelotons= Chefs stehen, treten auf dieses dritte Commando in die Richtung der Serresilles und die Pelotons = Chefs in das dritte Glied, welches das erste geworden. Es wird alles observirt,

X 2

was in dem Marsch vorwärts vorgeschrieben ist.

Da der Adjutant von keinem Nuzzen vorwärts des Unterofficiers ist, wo auf der Direction marschirt, so bleibt er vor dem dritten Glied und observirt mit dem Directeur die Richtung der Serrefilles und des dritten Gliedes, besonders der Pelotons=Chefs, daß sich selbige immer in der Richtung erhalten und ihre Pelotons darinnen halten.

§. 4.

Die Linie halten lassen, wenn sie rükwärts marschirt.

Der Chef commandirt:

1.

Bataillons!

2.

Halt!

3.

Rechts um — kehrt!

Alle drei Commando's werden von denen Bataillons = Chefs repetirt.

Auf das Commando: Halt! nimmt das dritte Glied des Fahnen-Pelotons durch rechts um kehrt seinen Plaz im Glied ein.

Auf das dritte Commando nehmen die Pelotons-Chefs und Gefreiter ebenfalls ihre Plázze wieder ein.

Man wird vor die Richtung alles observiren, was in dem zweiten Spho ist vorgeschrieben worden.

Anmerkungen vor ein Bataillon, welches kein Richtungs-Bataillon ist.

Da es sehr wesentlich ist, daß man, ehe man sie in Linie zusammen marschiren lasset, einzelne Bataillonsweise in dem Marsch in Bataille übet, um die vorgeschriebene Grundsäzze ihnen besser beizubringen; so wird man zu Zeiten supponiren, daß das Bataillon kein Richtungs-Bataillon seie, zu diesem Ende wird der Bataillons-Chef folgendes observiren:

Er wird keine Directions-Punkte rükwärts stellen, sondern läßt den Adiutanten vorwärts der Fahnen-Rotte und sehr genau auf ihre Richtung sich stellen, er selbst stellet sich rükwärts dieser Rotte, er nimmt in der Verlängerung der Linie des Fahnen und Adiutanten Punkte im Feld, zeigt sie dem Fähndrich an, siehet, daß dieser auf das Commando: Bataillon — vorwärts! wol sich auf die Rich-

tung dieser Punkte stelle, während dem Marsch
siehet er zu Zeiten nach, ob sich der Fähndrich und Corporal, wo hinter ihm marschirt,
beständig auf dieser Richtungs = Linie halten.

Der Fähndrich nimmt sich Zwischen=Punkte
auf der Erde in dieser Direction.

Haupt = Observationen über den Marsch in Bataille.

Wenn in dem Detail = Exerciren die Officiers, Unterofficiers und Soldaten die Gewohn-
heit nicht bekommen haben, den Schritt beständig egal sowol in der Länge als in der
Cadence zu machen, so wird ein Bataillon nie
gut marschiren. Desto nothwendiger ist es,
daß in dem Compagnie = Unterricht iedermann
hierinnen vollkommen geübt seie.

Wenn die Soldaten der Pelotons, welche zunächst dem Fahnen sind, nicht sehr
wol dressirt sind in dem Marsch, wenn
der Corporal, wo hinter dem Fahnen marschirt, nicht sehr exact seinen Fußstapfen folget,
so wird sich das Bataillon werfen und sein
Schritt wird ungewiß seyn.

Die Pelotons = Chefs, indeme sie sich auf
diese der Mitte gerichtet halten, geben Acht,
daß sie die Linie ihrer Schultern nicht verdre-

hen, sonsten würden sie den Mann, wo über ihnen stehet, in eine falsche Direction bringen, welcher Fehler sich weiter verbreiten würde, überhaupt müssen alle Soldaten, indeme sie die Köpfe ein wenig nach der Mitte gewendet haben, wol Acht haben, daß ihre Schultern in der graden Linie bleiben.

Wenn die Pelotons = Chefs den Schritt vergrössern oder kleiner machen lassen, so muß solches nur sehr wenig seyn, damit sie nach und nach und nicht auf einmal wieder in die Richtung kommen; denn alle brusque Bewegungen verursachen Unordnung in einem Bataillon.

Der Marsch eines Bataillons dependirt hauptsächlich von einer richtig perpendiculairen Directions Linie, von einer graden Schulter-Linie, der Egalität des Schrittes und einem sichern Gleichgewicht.

Die Soldaten werden niemalen die Ellenbogen vom Leib thun, ein einziger Mann, der diesen Fehler begehet, kann ein Flottement im Bataillon verursachen.

Wenn Oefnungen im Bataillon entstehen sollten, so muß nach und nach geschlossen werden, und nie auf einmal, so auch wenn gedränget wird, so muß auch nach und nach wieder geöfnet werden, damit so viel möglich alle Flottements vermieden werden.

Der Bataillons = Chef wird sich hauptsächlich hinter dem Bataillon halten, und Acht
geben, daß der Fahne wol in der richtigen
Direction marschire.   Wenn solche falsch wäre,
so wird er es gleich wahrnehmen, indeme ein
Flügel den Schritt verkleinern würde, und der
andere, um in der Richtung zu bleiben, ihn
grösser machen würde. In diesem Fall avertirt
er gleich: Directions = Punkt besser
links oder rechts! der Adiutant begibt
sich sogleich vorwärts der Fahne, Front gegen
den Bataillons = Chef, nimmt die Direction,
wo ihm der Chef andeutet. Der Fähndrich
nimmt in dieser Richtung wieder neue Punkte
auf der Erde.

§. 5.

Wie die Obstacles zu passiren sind, wenn vor = oder rükwärts in Bataille mar= schirt wird.

Wenn ein Bataillon mit dem ersten Glied
vorne in Bataille marschirt, und ein Peloton
oder Division das Passage d'Obstacle vorstellen
soll, so avertirt der Chef das oder diese Pelotons Obstacle.

Der genannte Pelotons = Chef begibt sich
zwei Schritte vor, wendet sich gegen sein Peloton und commandirt, wenn er vom rechten
Flügel ist:

1.

Links in die Flanque!

2.

N. N. Peloton Halt!

3.

Links — um!

4.

Marsch!

Dieses wird verrichtet, wie solches bei dem Compagnie = Unterricht vorgeschrieben ist.

Wenn das Obstacle passiret ist, oder der Chef avertirt, daß soll in die Linie gerukt werden, so commandirt der Pelotons = Chef:

1.

N. N. Peloton in die Linie!

2.

Marsch!

Solches wird auch verrichtet, wie solches bei dem Compagnie = Unterricht vorgeschrieben ist.

Anmerkungen.

Es seie, daß sich das Obstacle auf der rechten oder linken der Fahne befindet, und daß man mit dem ersten oder dritten Glied vorne marschirt, so werden sich die Pelotons, wo ausweichen müssen, nach dem Fahnen zu anhängen.

In denen Pelotons, welche linker Hand der Fahne sind, so wird der Pelotons-Chef, wo sich zunächst der linken des oder der Pelotons, wo in der Flanque marschiren, die nöthige Distanz halten, daß sie in Linie aufmarschiren können.

In denen Pelotons, wo rechts der Fahne sind, so wird der linke Führer des Pelotons, welches zunächst zur rechten der Pelotons ist, wo sich angehenket haben, sich auf den linken Flügel seines Pelotons begeben, und das nemliche observiren.

Die Pelotons-Chefs, wo anhängen, werden die Commando's: Halt! rechts oder links um! Marsch! lebhaft und geschwind hintereinander aussprechen, damit ihre Pelotons gleich an das Bataillon anhängen können.

Wenn das Peloton, in welchem das Fahnen-Peloton stehet, das Obstacle passiren muß, so wird das vormarschirende Glied auf des Commando: Rechts- oder links — um!

einrukken, und der Adiutant gibt dem Bataillon den Schritt.

Bei mehrern Bataillons wird der Chef der Linie, welcher vor der Front des Richtungs = Bataillons ist, bei Zeiten beobachten, ob ein Obstacle sich vor dem Directions = Fahne befindet, oder daß er nicht könnte von denen andern Bataillons gesehen werden: zu diesem Ende wird er, ehe er an das Obstacle kommt, hinter einem andern Bataillon die Directions= Linie ialonniren lassen, dessen Fahne die rothe Flamme aufstekken lassen und diese des andern abthun lassen, und benennet der Linie das neue Richtungs Bataillon.

In dem Fall eine Linie vorwärts marschirt und man läßt sie halten, um durch rechts um kehrt rükwärts zu marschiren, und daß ein oder mehrere Pelotons, (wir supponiren sie hier vom linken Flügel), sich mit den Rotten angehenkt befänden, und das nöthige Terrein fehlte, um in Linie oufzumarschiren, so würden die drei Rotten des Bataillons, hinter welchem die Pelotons in der Flänque marschiren, nicht rechts um kehrt machen, mit dem Bataillon, aber diese drei Rotten würden auf das Avertissement ihres Pelotons = Chefs nach der Fahne zu rechts oder links um machen, und wenn das Bataillon anmarschirt, durch eine Rotten= Schwenkung sich anhängen; die Pelotons, wo in der Flänque waren, folgen diesen drei Rotten nach, und schwenken nach und nach mit Rotten an den Plaz, wo die erste Rotte geschwenkt hat.

Wenn mehrere Pelotons in der Flanque wären hinter einander, so würde iedes nur anfangen zu schwenken, wenn das Bataillon seiner ersten Rotte vorbeigehet.

Wenn das Obstacle paffirt ist, so sezzen sich die Pelotons, wo in der Flanque sind, wieder in die Linie, so als wie wenn das erste Glied vorne ist, ausgenommen daß das dritte Glied vorkommt.

§. 6.

Der Seiten=Schritt im Marsch in Bataille.

Ein Bataillon, das im ordinairen Schritt vorwärts marschirt, commandirt der Bataillons = Chef:

1.

Rechts — seitwärts!

2.

Marsch!

Auf das erste Commando begibt sich der Adiutant vor die Fahne.

Auf das zweite Commando marschirt das ganze Bataillon rechts seitwärts, nach denen

Grundſäzzen, wo bei dem Compagnie Unterricht angewieſen ſind, die Fühlung und Richtung wird immer nach der Mitte gehalten.

Vor wieder gradaus zu marſchiren commandirt der Bataillons = Chef:

1.

Vorwärts!

2.

Marſch!

Auf das zweite Commando nimmt das Bataillon den Schritt gradaus.

Der Seiten = Schritt ſoll ſo, wie der Schritt gradaus nach paralellen Linien geſchehen.

Der Bataillons = Chef und Directions = Officier ſoll Acht geben, die Pelotons = Chefs auf der paralellen Linie zu erhalten, wie auch, daß der Flügel nach der Seite zu, nach welcher marſchirt wird, nachgebe, damit kein Gedränge entſtehe.

Der Adiutant, wo vor dem Fahnen iſt, hält dieſen immer auf den Corporal, wo hinter ihm im Glied iſt, gerichtet, damit dieſes Glied des Fahnen nicht mehr oder weniger ſeitwärts trete als die Mitte des Bataillons.

Wenn das Bataillon wieder gradaus marschirt, so bleibt der Adiutant noch einige Schritte
vor dem Fahnen, Front gegen ihn, und hält
die Augen auf den Bataillons-Chef, welcher
ihm hinter dem Bataillon mit dem Degen
winkt, um ihn auf die Direction zu bringen,
die die Fahnen-Rotte nehmen soll, der Fähndrich nimmt die Direction des Adiutanten.

§. 7.

Directions - Veränderung mit Ba-
taillons.

Ein Bataillon, welches im ordinairen
Schritt im Marsch ist, und der Chef will es
rechts Direction verändern lassen, commandirt:

1.

Rechts Direction verändert!

2.

Marsch!.

Auf das erste Commando begibt sich der
Adiutant vor den vormarschirenden Fähndrich.

Auf das zweite Commando marquirt der
Corporal e. wo hinter dem Fähnbrich im ersten Glied stehet, den Schritt, der Feldwebel
d. wo auf dem linken Flügel des Bataillons
stehet, tritt zwei Schritt vor auf dieses Commando, ein Serrefile tritt an seinen Platz,
der linke Flügel wendet die Köpfe links. Der

Feldwebel d. und der linke Flügelmann des Bataillons marschiren den Schritt von zwei Schuh
fort, indeme er rechts schwenkt, die Fühlung
wird nach der Mitte gehalten, und links gerichtet, indeme der linke Flügel des Bataillons
eine regulaire Schwenkung rechts macht, wovon der Corporal, e. die Achse ist, welcher
also auf der Stelle seine linke Schulter nach
und nach vorbringet.

Der Adjutant hält den Fähndrich auf dieses Corporals e. Rotte gerichtet, indem er zugleich dem vormarschirenden Glied die Richtung
des Bataillons gibt.

Zugleich als dieses auf dem linken Flügel
geschiehet, marquirt der rechte Flügel den
Schritt auf der Stelle und gewinnet nach und
nach die Richtung des linken Flügels, durch
den Schritt rükwärts, indeme er sich immer
nach der Mitte angespühret hält; dieser Schritt
rükwärts muß in dem rechten Flügel sehr klein
von der Mitte ausgemacht werden, so daß ihn
der rechte Flügelmann nicht über einen Schuh
gros zu machen brauchet.

So wie der Chef die Directions-Veränderung schier geendiget siehet, commandirt er:

1.

Bataillon — vorwärts!

2.

Marsch!

Auf das zweite Commando nimmt das Bataillon wieder den Schritt gradaus.

Der Adiutant bleibt noch vor dem Fähndrich, daß dieser wieder über ihm neue Directions-Punkte nehme, der Feldwebel des linken Flügels tritt wieder an seinen Plaz.

Auf dieses Commando: Marsch! wirft der linke Flügel die Köpfe wieder rechts. Der rechte Flügel, welcher noch nicht völlig in der Direction seyn wird, verkleinert seinen Schritt, und wird der ordinaire Schritt in diesem Flügel nach und nach wieder genommen, so wie sich ein Peloton in der Direction befindet.

Die Directions-Veränderung eines Bataillons soll niemalen mehr, wie den dritten Theil eines rechten Winkels beschreiben. Man wird lieber einige Directions-Veränderungen machen lassen, um in eine gegebene Direction zu kommen, als wie einen zu grosen Zirkul-Bogen zu beschreiben.

Articul XI.

Das Defile vor- und rükwärts passiren.

§. I.

Das Defile vorwärts passiren.

Wenn das Defile vorwärts soll passirt werden, so supponirt man hier, daß die Linie

vor

vor dem Eingang des Defile's in Bataille stünde,
welches sich ohngefähr vor der Mitte der Linie
befindet, der Commandant en Chef wird, wie
zu vermuthen stehet, einige Kenntniß des Terreins haben, so sich ienseits des Defile's befindet, es seie eine Brükke oder Gebürgs-Enge,
und wird nach dieser Beschaffenheit des Terreins, wie auch nach deme, was er vom Feind
kann zu befürchten haben, seine Disposition
darnach getroffen haben, und seinen Uibergang
durch eine Avant-Garde gesichert haben.

Der Commandant en Chef commandirt:

Von beiden Flügeln mit Rotten vorwärts der Mitte durchs Defile!

Die Bataillons-Chefs repetiren:

Vom rechten oder linken Flügel in Rotten vorwärts durchs Defile!

Auf dieses Commando stellet sich der Pelotons-Chef vom rechten Flügel des rechten
Flügel-Bataillons einen Schritt vorwärts seines Plazzes und commandirt an sein Peloton:

Erstes Peloton rechts — um!

Marsch!

Y

und tritt neben den Gefreiter, wo sich auf das
Commando r e ch t s — um! vor die vorderste
Rotte ins erste Glied stellet, und führet sein
Peloton sechs Schritte vorwärts der Front
durch eine Rotten - Schwenkung links, längst
der Front herunter; so wie der zweite Pelotons - Chef das erste bei ihm vorbeikommen siehet, so verrichtet er die nemliche Commando's,
so daß er iust Zeit hat an das erste Peloton
anzuhängen, alle Pelotons-Chefs der rechten
Flügel - Bataillons verhalten, sich auf die nemliche Art.

Die Bataillons - Chefs der folgenden Bataillons geben Acht, daß ihre Flügel-Pelotons
zeitig genug antreten, damit die Bataillons-
Intervalle nicht vergrößert werde; in diesem
Fall werden sie die Intervalle eher kleiner halten lassen.

So wie dieses auf dem rechten Flügel geschiehet, so wird dieses auch zugleich vom linken Flügel mit l i n k s u m! und auf die nemliche Art verrichtet. Die Pelotons-Chefs treten auf die linken Flügel ihrer Pelotons, um
sie zu führen, und das indeme sie l i n k s —
u m! commandiren.

So wie beide Flügel beim Eingang des
Defile's gegen einander kommen, so läßt der
Pelotons - Chef des rechten Flügels mit Rotten
rechts schwenken, und der des linken Flügels
mit Rotten links, und passiren auf diese Art
in gleicher Höhe neben einander das Defile.

Der Commandant en Chef wird vor dem Ausgang des Defile's Jalonneurs stellen lassen, so weit von dem Defile entfernt, daß die vordersten Pelotons-Chefs Zeit haben, ihre Pelotons aufmarschiren zu lassen, und der des rechten Flügels rechts zu schwenken, und der des linken Flügels links zu schwenken, um in die durch Jalonneurs bezeichnete Directions-Linie rechts und links einmarschiren zu lassen. Dieses Jalonniren wird verrichtet, wie solches bei dem Jalonniren vorwärts der Colonne vorgeschrieben ist; wenn beede Colonnen aus dem Defile sind, so läßt sie der Commandant en Chef halten, der einen Colonne den Contre-Marsch machen, die Richtung der Führer rectificiren und in Bataille schwenken.

In diesem Exempel wird angenommen, daß sich die Linie in Bataille sezzet, den Rukken gegen das Defile.

Es kommt aber auf die Disposition des Commandanten en Chef an, durch was vor ein Manouvre, und in was vor einer Richtung er sich in Bataille sezzen will, oder aber seinen Marsch in Colonnen fortsezzen will.

Er ist Meister, denen téten seiner Colonnen, wie sie aus dem Defile kommen, die Richtung zu geben, wo seinen Absichten angemessen sind.

Wenn das Defile Breite genug hat, so kann es mit der Fronte der Pelotons passirt

werden. Dieses zeigt der Commandant en Chef
durch das Commando an, indeme er anstatt:
mit Rotten! commandirt, mit Pelotons vorwärts der Mitte durchs
Defile!

Der Commandant en Chef wird durch
ein zweites Commando andeuten, welche Bataillons von der rechten nach der linken abmarschiren sollen, wie auch die, wo von der linken nach der rechten abmarschiren : alsdann
wird mit Pelotons vom rechten und linken
Flügel nach der linken und rechten abmarschirt,
die zwei Pelotons vom rechten und linken Flügel vereinigen sich alsdann, indeme sie dem
Defile gegen über das erste Peloton vom rechten Flügel rechts schwenkt, und das Peloton
des linken Flüges links schwenkt, der Gefreiter,
welcher hinter dem Pelotons=Chef vom linken
Flügel im Glied stehet, hält die Mitte des Defiles, der Führer, wo auf dem linken Flügel des
Pelotons vom rechten Flügel marschirt, tritt
zum Schliessen zurük. So wie beide Pelotons
nach der Schwenkung zusammen kommen; die
andere Pelotons folgen diesen in dieser Ordnung
nach. Wenn das Defile enger wird, so wird
mit Sections abgebrochen und dann auch Rotten von denen Flügels brechen ab, alle Pelotons verrichten diese Bewegung an dem nemlichen Flek, wo das Peloton, wo vor ihnen ist,
abgebrochen hat.

So wie das Defile sich erweitert, läßt man
wieder Rotten marschiren und so auch wieder
die Pelotons formiren.

Wenn das Defile paſſirt iſt, ſo kann der Commandant en Chef die beide Colonnen in Bataille ſezzen laſſen durch die Bewegung, wo ſeinen Abſichten am angemeſſenſten iſt.

So wie ſich beide Colonnen ſepariren, treten die Führer auf die linken Flügel in der Colonne rechterhand.

§. 2.

Das Defile rükwärts paſſiren.

Wenn die Linie in Bataille ſtehet, und ein Defile rükwärts ihrer Mitte paſſiren ſoll, ſo commandirt der Commandant en Chef:

**Von beiden Flügeln in Rotten rük-
wärts der Mitte durchs
Defile!**

Die Chefs der Bataillons repetiren, je nachdem ſie von dem rechten oder linken Flügel ſind:

**Vom rechten (oder linken) Flügel
in Rotten rükwärts der Mitte
durchs Defile!**

Der Chef des rechten Flügel = Pelotons commandirt:

1.

Erstes Peloton!

2.

Rechts — um!

3.

Marsch!

Auf das dritte Commando schwenkt das erste Peloton mit Rotten rechts; iede Rotte schwenkt auf dem nemlichen Flek, wo die erste geschwenkt hat, und dieses Peloton marschirt also vier Schritt hinter der Linie der Serrefile weg.

Der Chef des zweiten Pelotons macht die nemliche Commando's zeitlich genug, daß das Marsch ausgesprochen wird, daß die erste Rotte iust an die lezte des vorhergehenden Pelotons anschliessen kann, wie solche vorbei kommt. Alle Pelotons befolgen das nemliche.

Der Chef des Pelotons des linken Flügels der Linie verrichtet das nemliche in dem Augenblik, wo der rechte Flügel seine Bewegung anfangt, aber durch links — um!

Alle Pelotons des linken Flügels folgen in dieser Ordnung, indeme deren Chefs, indeme sie links — um! commandiren, sich neben den linken Flügel des Pelotons begeben und solchen führen.

Beide Flügel paſſiren in gleicher Höhe das Defile mit Rotten.

So wie die vorderſten Pelotons aus dem Defile kommen, commandiren deren Chefs:

1.

Peloton in die Linie!

2.

Marſch!

Die Pelotons = Chefs, wo mit rechts um das Defile paſſirt haben, commandiren:

Richtung — links!

und die des linken Flügels:

Richtung — rechts!

Jeder Pelotons = Chef thut dieſe Commando's auf dem nemlichen Flek, wo ſie der vorhergehende gethan hat.

Der Commandant en Chef kann, nachdeme das Defile paſſirt iſt, ſo wie er es vor nöthig findet, die Direction, die die Colonnen nehmen ſollen, ialonniren laſſen, und ſich in

der Dirketion in Bataille sezzen, die dem Terrein und seinen Absichten angemessen ist.

§. 3.

Das Durchziehen der Linien.

Diese Bewegung kann in zwei Gelegenheiten nothwendig werden, erstlich wenn eine
Linie sich vor dem Feind zurükziehen will, wo
sich alsdann eine Linie nach der andern durchziehet.

Zweitens in dem Fall eine erste Linie mit
dem Feind in einem Gefecht begriffen, solche
aber durch ein lang anhaltendes Feuer sehr
gelitten, der commandirende Genaral aber, um
seinen Vortheil zu behaupten, und ohne Terrein
zu verlieren, das Treffen mit Nachdruk fortsezzen will; so läßt er seine zweite Linie anru-
ken, um den Plaz der ersten einzunehmen, da-
hingegen die erste den Plaz der zweiten einnimmt.

Durchzug der Linie en Retraite.

Ein Bataillon der ersten Linie, welches
rukwärts marschirt, um sich durch die zweite
Linie durchzuziehen, wenn dessen Commandant
auf 15 oder 20 Schritte von der zweiten Linie
gekommen ist, so commandirt er:

1.

Bataillon — Halt!

2.

Links — um!

3.

Mit Pelotons und Rotten — rechts!

4.

Marsch!

Auf das zweite Commando rukt das Glied des Fahnen-Pelotons, wo vormarschirte, in das Bataillon, wo links um macht, ein.

Auf das 4te Commando, schwenkt iedes Peloton mit Rotten rechts; so wie die erste Rotte iedes Pelotons herausgebrochen hat, tritt der Gefreiter, wo hinter dem Pelotons-Chef im Glied stehet vor den Mann des ersten Glie-des dieser Rotte, der Pelotons-Chef stellet sich neben ihn und dirigirt ihn auf die Oefnung der zweiten Linie, welche sich grad vor ihm be-findet.

Die Distanz zwischen denen Pelotons wird von der linken Hand abgehalten, so wie auch die Richtung.

Nachdeme der Bataillons-Chef so viel Schritte hinter das zweite Treffen marschirt hat, als der commandirende Chef vor gut befindet und ihm angedeutet hat, so commandirt er:

1.

Bataillon!

2,

Halt!

3.

Front!

4.

Links — richt euch!

5.

Links in — Bataille!

6.

Marsch!

Auf das zweite Commando, welches die Pelotons-Chefs repetiren, haltet das Bataillon.

Auf das dritte Commando treten die Pelotons-Chefs vor die Mitte ihrer Züge.

Auf das vierte Commando, welches erst gethan wird, wenn der Bataillons-Chef die linken Führer der Colonne in die Direction gerichtet, in welcher solche in Bataille stehen soll, so versiehet der Pelotons = Chef auf die Commando's 4. 5. und 6. was hierüber vorgeschrieben ist.

So wie das erste Peloton durch die zweite Linie durch ist, so wird der Bataillons = Chef, welcher sich rükwärts des ersten Pelotons = Chefs haltet, diesem einen Directions = Punkt vorwärts anzeigen: dieser Pelotons = Chef nimmt Zwischenpunkte auf der Erde, und der Bataillons-Chef, welcher sich immer hinter ihm haltet, gibt Acht, daß er der angegebenen Direction folge.

Zugleich wird sich der Adjutant b. linker Hand des ersten Pelotons = Chefs begeben und haltet diesen und den Chef des zweiten Pelotons immer auf den Chef des lezten Pelotons vom linken Flügel gerichtet; der Chef des linken Flügel = Pelotons marschirt immer den Schritt von zwei Schuh, ohne sich auf die andere Pelotons-Chefs zu richten und haltet nur seine Distanz von der linken.

Der Adjutant gibt Acht, daß die andere Pelotons ihme das linke Flügel = Peloton nicht masquiren.

In dem Augenblik, da das Bataillon Front macht, wird der Bataillons = Chef, welcher vorwärts des linken Führers des ersten Pelotons ist, geschwind die zwei ersten Führer in

die Direction stellen, welche sein Bataillon nehmen soll.

Bewegung der zweiten Linie bei dem Durchziehen.

Ein Bataillon aus dem zweiten Treffen,
so wie das erste gegen dasselbe kommt, wird
ieder Pelotons = Chef in Zeiten die vier Rotten
avertiren, auf welche ein Peloton vom ersten
Treffen zu marschirt, so wie solches auf 15
Schritte herankommt, commandiren die Pelotons = Chefs:

1.

Vier Rotten!

2.

Rükwärts — Marsch!

3.
Rechts — um! oder links — um!

4.

Marsch!

Die Rotten machen immer rechts oder
links um nach der Mitte des Bataillons zu.
Wie solche hinter den vier Rotten stehen, wo
zunächst bei der Oefnung sind, so commandirt
der Pelotons = Chef:

Halt! Front!

So wie das erste Treffen durch ist, commandiren sogleich die Pelotons-Chefs an die zurükgetretene Rotten:

1.

Vier Rotten!

2.

Rechts oder links — um!

3.

Marsch!

und wie diese Rotten Plaz zum Einrükken haben.

1.

Halt!

2.

Front!

3.

Rechts — richt euch!

Auf das dritte Commando rukken die Rotten lebhaft ein.

Die zweite Art das Durchziehen der Linie, indeme man die zweite Linie hervorbringt, um der ersten ihren Plaz einzunehmen, wird auf die nemliche Art verrichtet, sowol vor das Bataillon, wo sich durchziehet, als auch vor dasienige, wo die Oefnungen vor den Durch= zug gibt, mit dem Unterschied, daß wenn der commandirende Chef vor gut befindet, die er= ste Linie ablösen zu lassen, er die zweite bis auf zehen Schritt an die erste heranrukken läßt, wo alsdann das Bataillon der zweiten Linie sogleich die Oefnungen auf dem rechten Flü= gel der Pelotons zum Durchzug gibt; das er= ste Bataillon der ersten Linie ziehet lebhaft durch und so viele Schritte rükwärts, als ihm der Commandant en Chef befehlen wird.

Die Officiers und Serrefilles der zweiten Linie, wo iezzo die erste geworden ist, haben die größte Sorge, ihren Leuten Standhaftig= keit einzuprägen, damit sie nicht mit der durch= ziehenden Linie fortgerissen werden, und wer= den, sobald die erste Linie durch ist, sogleich die Lükken wieder zumachen, ohne daß ein Peloton auf das andere wartet. Diese Linie ist also im Stande, das Gefecht mit Nach= druk fortzusezzen.

Wenn die zweite Linie vormarschirt, wer= den ihre Fahnen auf die Fahnen der ersten Li= nie dirigirt werden, damit im Durchziehen ie= des Peloton seine Oefnung grad hinter sich finde. Wenn der Durchzug geschehen, kann der Chef die Linie, wo das Treffen fortsezzen soll, noch so viele Schritte vormarschiren lassen, als er es vor gut befindet.

§. 3.

Von dem Bataillons-Feuer im Avanciren.

Die Directions-Bataillons mit denen rothen Flammen werden niemalen im Avanciren chargiren, indeme sie die Punkte sind, welche der Linie die Richtung geben.

Wenn in währendem vorwärts Marschiren mit Bataillons im Avanciren soll chargirt werden, so commandirt der Commandant en Chef:

1.

Mit Bataillons im Avanciren chargiren!

2.

Chargirt!

worauf alle ungerade Bataillons-Commandanten commandiren:

1.

Bataillon!

2.

Geſchwinder Schritt!

3.

Marſch!

Nachdem ſie dreißig Schritt marſchirt haben:.

1.

Bataillon!

2.

Halt!

3.

Fertig!

4.

T'an!

5.

Feuer!

6.

Ladt!

Auf

Auf das Commando: **H a l t !** rukt das Fahnen = Peloton = Glied lebhaft ein.

Die Pelotons = Chefs, Gefreiter, wo hinter ihnen im Glied stehen, und Fahnen = Peloton treten zurük, wie in dem Feuer stehenden Fusses.

Zwischen dem Commando: **F e r t i g ,** und **L ' a n !** wird ein wenig ausgehalten.

So wie das Bataillon geladen hat, commandirt der Bataillons = Chef:

1.

Bataillon!

2.

Vorwärts!

3.

Geschwinder Schritt!

4.

Marsch!

Auf das zweite Commando nehmen die Pelotons = Chefs, Gefreiter und Fahnen = Peloton ihre Pläzze wieder ein, das erste Glied des Fahnen = Pelotons tritt sechs Schritte vor.

Wenn das Bataillon wieder in die Richtung der Linie kommt, commandirt dessen
Chef:

1.

Bataillon!

2.

Ordinairen — Schritt!

3.

Marsch!

Wenn ein ungrades Bataillon wieder in
der Linie ist, so tritt das grade, wo ihm zur
linken steht vor, und feuert auf die vorbe-
schriebene Art.

Will der Commandant en Chef die Linie
halten lassen und richten, so commandirt er:

1.

Bataillons!

2.

Halt!

Er begibt sich zu der Richtungs-Fahne
auf 10 oder 12 Schritte von ihr ab, und

gibt denen beiden Directions = Fahnen die Rich=
tung, wo er der Linie geben will.

Diese beiden Fähndrichs machen Front ge=
gen ihn, und halten ihre Fahnen senkrecht vor
sich zwischen beide Augen.

Die Adiutanten der andern Bataillons
stellen sich vorläufig auf diese Linie und das so,
daß sie den Plaz bezeichnen, wo der Fahne ih=
res Bataillons soll zu stehen kommen.

Wenn der Commandant en Chef die Rich=
tung bestimmt hat, so commandirt er:

Fahnen auf die Linie!

welches verrichtet wird, wie solches vorgeschrie=
ben ist, hernach commandirt er die Rich=
tung.

§. 4.

Vom Bataillons = Feuer im Retiriren.

Wenn der Commandant en Chef im Re=
tiriren will mit Bataillons chargiren lassen,
so commandirt er:

1.

Mit Bataillons im Retiriren
chargiren!

Z 2

2.

Chargirt!

Auf dieses Commando commandiren alle ungrade Bataillons = Chefs an ihre Bataillons ausgenommen die der Directions = Bataillons, welche nie feuern.

1.

Bataillon!

2.

Halt!

3.

Rechts um — kehrt!

4.

Bataillon!

5.

Fertig!

6.

T'an!

7.

Feuer!

8.

Ladt!

Wenn geladen ist, lassen die Chefs ihre Bataillons rechts um kehren, und im geschwinden Schritt wieder in die Linie rukken, und alsdann den ordinairen Schritt nehmen. Wenn die umgraben Bataillons in der Linie sind, so verrichten die graben das Feuer auf die nemliche Art. Dieses wird wechselsweiße fortgefahren, so lang es der Commandant en Chef vor gut befindet.

Anmerkungen über das Feuern im Avanciren und Retiriren.

Die Bataillons = Chefs dirigiren ihre Fahnen = Rotte auf den Punkt, welchen er vor oder rükwärts gewählet hat.

In diesen Feuer werden die Bataillons-Chefs sich nicht mit der Richtung ihrer Bataillons abgeben, sondern nach dem Commando: Halt! commandiren sie gleich das Feuer.

Articul XII.

§. 1.

Von denen Front = Veränderungen.

Wenn die Linie in Bataille stehet, und soll Front nach einer gegebenen Direction machen.

Wir supponiren; daß diese neue Direction auf dem rechten Flügel ist; so läßt der Commandant en Chef zwei Jalonneurs auf diese Direction stellen, nicht gar auf Pelotons = Distanz von einander.

Er läßt dem Chef des rechten Flügel-Pelotons befehlen, sein Peloton hinter und wider diese zwei Jalonneurs zu stellen; wenn dieses Peloton gerichtet stehet, commandirt er:

Auf das erste Peloton des ersten Bataillons rechts Front verändert.

welches alle Bataillons = Chefs repetiren.

Der Chef des ersten Bataillons commandirt hierauf:

1.

Mit Pelotons — halb rechts!

2.

Marsch!

3.

Vorwärts!

4.

Marsch!

5.

Richtung rechts!

Auf das erste Commando begeben sich die Pelotons = Chefs dieses Bataillons vor die Mitte ihrer Pelotons.

Auf das zweite Commando schwenken die Pelotons auf der Stelle. So wie sie genug geschwenkt haben, thut der Bataillons = Chef das 3te 4te und 5te Commando.

Auf das vierte Commando hören die Pelotons auf zu schwenken, und marschiren grad vorwärts.

Auf das 5te Commando wird die Füh= lung rechts genommen, und der rechte Führer iedes Pelotons folget der Rotte, welche grad vor ihm ist des vorhergehenden Pelotons, bis in dem Augenblik, wo der Chef dieses Pelotons es rechts schwenken läßt, alsdann richtet sich dieser Führer auf die linke Flügel = Rotte des vorhergehenden Pelotons.

Wenn der rechte Flügel des zweiten Pelo= tons in die Höhe des linken Flügels des ersten Pelotons kommt, welches vorher auf die Rich= tungs = Linie ist gestellet worden, so comman= dirt der Chef des zweiten Pelotons:

1.

Rechts schwenkt!

2.

Marsch!

Das Peloton schwenkt nach den Grundsäzzen der Schwenkung nach der Richtungs-Seite.

Der Chef läßt es halten auf zwei Schritt von der Richtungs-Linie, und wird gerichtet nach der Art, wie solches bei allen successiven Formationen verordnet ist.

Der Chef des dritten Pelotons verhält sich so, wie es dem zweiten vorgeschrieben ist, und so alle folgende dieses Bataillons.

Diese Bewegung geschiehet auf dem linken Flügel durch die entgegengesezte Mittel.

Alle folgende Bataillons, nachdeme sie das Commando des Commandant en Chef repetirt haben, lassen ihre Bataillons abschwenken und marschiren in Colonne nach der neuen Richtungs-Linie, und stellen sich an auf ihr erstes Peloton vorwärts in Bataille, so wie es in dem §phö vorwärts in Bataille vorgeschrieben ist.

Diese Bewegung kann sich auch rechts oder links auf eine Linie machen, welche ein Bataillon durchschneidet.

Wir nehmen hier an, daß diese neue Direction bei dem dritten Peloton das Bataillon durchschneidet und die Front soll links genommen werden; so lässet der Bataillons = Chef dieses Bataillons zwei Jalonneurs vor den linken Flügel dieses dritten Pelotons in die neue Richtung stellen.

Dieses Peloton schwenkt links auf das Commando seines Chefs, welcher es hinter die zwei Jalonneurs richtet.

Der Chef des vierten Pelotons commandirt an das seinige:

1.

Viertes Peloton!

2.

Rechts rükwärts — richt euch!

und stellet sich neben den linken Flügelmann des dritten Pelotons, das vierte Peloton richtet sich rükwärts auf das dritte Peloton, der linke Führer des vierten Pelotons stellet sich zugleich auf die Richtung der zwei Jalonneurs, der Adiutant berichtiget seine Stellung.

Wenn dieses geschehen, so commandirt der Commandant en Chef:

Auf das dritte Peloton des Bataillons N. N. links Front changirt!

welches Commando alle Bataillons = Chefs repetiren.

Der Bataillons = Chef des Bataillons, durch welches die neue Richtung gehet; commandirt:

1.

Pelotons vom linken Flügel rechts um kehrt!

2.

Mit Pelotons halb links!

3.

Marsch!

4.

Vorwärts!

5.

Marsch!

6.

Richtung — links!

Auf das erste Commando machen die Pelotons, wo links der zwei Pelotons stehen, wo auf die Richtungs = Linie gestellet sind, rechts um kehrt.

Auf das zweite Commando stellen sich die Pelotons = Chefs des rechten Flügels vor die Mitte ihrer Pelotons. Die Pelotons = Chefs des linken Flügels hinter die Mitte der ihrigen, auf zwei Schritte vom ersten Glied, welches iezt das dritte geworden.

Auf das dritte Commando schwenken die Pelotons des rechten Flügels, das ist hier die Grenadiers und das erste und zweite Peloton links. Die Pelotons 5. 6. 7. und 8. des linken Flügels schwenken auch links mit ihrem dritten Glied vorne.

Auf das fünfte Commando marschiren die Pelotons sowol des rechten oder linken Flügels, welche geschwenkt haben, grad vorwärts.

Auf das sechste Commando wird die Fühlung und Richtung links genommen, und die linken Führer observiren, was hier oben den rechten Führern vorgeschrieben worden ist.

Es ist ebenfalls schon gesagt worden, was die Pelotons, wo das erste Glied vorne haben, zu thun haben.

Die Pelotons, wo rechts um kehrt gemacht haben, und sich mit dem dritten Glied
nach der Richtungs-Linie begeben, werden ihre
Pelotons - Chefs commandiren: links —
schwenkt! und Marsch! in dem Augenblik, wo der linke Flügel ihrer Pelotons in die
Höhe des Punkts kommt, wo er soll zu stehen
kommen auf der Bataillen - Linie. Diese Pelotons schwenken nach den Grundsäzzen der
Schwenkungen nach der Richtungs-Seite.

Diese Pelotons-Chefs commandiren Halt!
indem die Pelotons in der Höhe der Serrefilles
sind, die Pelotons-Chefs, wo schon auf der
Richtungs-Linie stehen, lassen rechts um kehrt
machen, und richten nach den Grundsäzzen der
successiven Formationen.

Wenn die Formation vollendet ist, commandirt der Bataillons - Chef:

Richtung — eingerukt!

Alle Bataillons, wo rechts des Bataillons stehen, durch welches die Richtungs-Linie
gehet, schwenken mit Pelotons links, und marschiren in Colonne durch den kürzesten Weg,
nach der Richtungs-Linie und stellen sich auf
ihr achtes Peloton vorwärts in Bataille.

Alle Bataillons, wo linker Hand des Bataillons stehen, durch welches die neue Richtung
gehet, schwenken rechts ab, marschiren schräg

rechts in Colonne durch den kürzesten Weg auf
den Flek hin, wo ihr rechter Flügel soll zu
stehen kommen, und stellen sich allda auf ihr
erstes Peloton Front rükwärts in Bataille.

Anmerkungen.

Die vorgeschriebenen Grundsäzze geben die
Mittel an die Hand, die Front vor- oder rükwärts zu verändern, auf iedes Peloton, wo
man wählen will, die Linie mag perpendiculair
oder oblique auf diese seyn, auf welcher man
in Bataille stehet.

Wenn die neue Linie ohngefähr perpendiculair ist auf die Bataillen-Linie des Bataillons, so müssen die Pelotons eine achtels
Schwenkung machen, aber wenn die neue Richtung sehr schräg ist und einen sehr spizzen Winkel
mit der Stand-Linie des Bataillons macht,
so muß man die Pelotons krumm deboitiren lassen, und muß der Bataillons-Chef so geschwind,
wie möglich, vorwärts — Marsch! commandiren. In diesem Fall commandiren die
Pelotons-Chefs nicht: rechts oder links
schwenkt! wenn sie an die Höhe des Punkts
kommen, wo der Flügel ihres Pelotons auf
der Bataillen-Linie soll zu stehen kommen,
aber sie sollen auf zwei Schritte von dieser
Linie halten lassen, und rechts oder links richt
euch! commandiren.

Die Precision dieser Bewegung dependirt
von dem Coup d'oeil und der Geschiklichkeit

des Bataillons-Chefs, zu rechter Zeit zu commandiren: *vorwärts Marsch!*

§. 2.

Von denen verschiedenen Stellungen, wo in einer Linie können genommen werden.

Die nemliche Mittel appliciren sich an alle Positions-Veränderungen, die neue Direction befinde sich auf einem Flügel oder in dem innern eines Bataillons der Linie. Wenn soll Front rechts gemacht werden, so wird der Theil der Linie, wo der neuen Direction zur linken ist, rechts schwenken und rechts abmarschiren und sich rechter Hand, oder vorwärts in Bataille sezzen, indeme der Theil, wo der Directions-Linie zur rechten ist, links abschwenkt, links abmarschirt und sich Front rükwärts in Bataille sezzet.

Wenn im Gegentheil soll links Front gemacht werden, so wird der rechte Flügel der Linie, wo die neue Directions-Linie zur linken hat, links abschwenken, und so abmarschiren und sich linker Hand in Bataille oder vorwärts in Bataille sezzen; indeme der linke Flügel, wo diese Linie zur rechten hat, rechts abschwenken, rechts abmarschiren und sich Front rükwärts in Bataille sezzen wird.

Diese Regel hat allein Ausnahm vor ein Bataillon, wo durch die neue Direction durchschnitten wird, dieses macht alsdann die Bewegung, wo in dem vorhergehenden Exempel vorgeschrieben ist.

§. 3.

Positions = Veränderungen im Vorwärts= marschiren.

Wenn indeme eine Linie die Position verändern soll, der Commandant en Chef das Bataillon, auf welches die Stellung verändert wird, besser vorwärts bringen will. Zum Exempel: es müßte rechts Front gemacht werden, und die neue Direction schneide das dritte Bataillon durch zwischen dem dritten und vierten Peloton, so würden das vierte und fünfte Peloton dieses Bataillons nicht abschwenken, sondern in der Zeit, da die Pelotons, wo rechts diesen zwei Pelotons stehen, links schwenken, und alle Pelotons, wo ihnen links stehen, rechts schwenken, so würden sie zweimal ihrer Front Länge grad vormarschiren, und würden gerichtet, das Peloton rechter Hand rechts, weil es die tête einer links abmarschirten Colonne hat, und das Peloton linker Hand, weil es die tête einer rechts abmarschirten Colonne hat, wird links gerichtet.

Wenn die Linie also rechts und links abgeschwenkt stehet, so commandirt der Commandant en Chef:

1.

Bataillon — vorwärts!

2.

Marsch!

Die zwei vereinigten Colonnen die rechter Hand von denen 4ten 3ten 2ten und 1ten Pelotons des 3ten Bataillons und die linker Hand von den 5ten 6ten 7ten und 8ten Pelotons dieses Bataillons marschiren grad vor; die Colonne linker Hand nimmt vier Schritte Abstand von der rechter Hand, so marschiren sie bis an den Punkt, wo der Commandant en Chef sie will halten lassen, und welchen er zum voraus durch zwei Jalonneurs hat marquiren lassen.

Auf das Commando: Marsch! welches alle Bataillons-Chefs repetiren, werden die Bataillons, wo hinter der Directions-Linie ankommen, in Colonnen herausbrechen und paralell und in einer Höhe mit den beiden vereinigten Colonnen marschiren; diese so vor der Richtungs-Linie ankommen, folgen der Colonne.

Die Adjutanten ieden Bataillons marschiren neben dem Führer der tête ihres Bataillons.

So wie der Commandant en Chef hat halten lassen, welches alle Bataillons-Chefs repetirt haben, und er die Richtung des Richtungs-Bataillons berichtigt hat; so commandirt er:

1. In

1.

In Bataille!

2.

Marſch!

Der Bataillons = Chef der vereinigten Colonnen commandirt auf das erſte Commando:

1.

Rechts und rechterhand in Bataille!

2.

Führer — rechts!

und repetirt das Marſch! des Commandanten en Chef.

Die Führer der Colonne Rechterhand werden im Marſchiren auf die zwei vorgeſtellten
Jalonneurs dirigirt, welche zugleich auch als
Richtungs = Punkte der Colonne linkerhand dienen, um ſich rechterhand in Bataille zu ſtellen.

Auf das Commando: Marſch! werden
die Bataillons, wo vorwärts der Richtungs-
Linie ankommen und noch nicht in der Direction ſind, deboitiren und durch den kürzeſten
Weeg nach der Bataillen = Linie zu marſchiren,
der Adjutant wird ſich vorbegeben haben, um

A a

ihnen den Punkt zu bezeichnen, auf welchen
sie zu marschiren sollen, die welche hinter der
Richtungs = Linie ankommen, schlagen sich
schrägs zu, um durch den kürzesten Weeg auf
die Bataillen = Linie zu kommen.

§. 4.

Positions-Veränderungen im Rükwärts marschiren.

Die vorhergehende Bewegung kann auch
rükwärts gebraucht werden, man läßt aber anstatt daß die zwei Pelotons vorwärts marschiren, ein iedes den Contre = Marsch vor sich
machen.

Unterdessen daß sie diese Bewegung machen,
schwenken die Pelotons und Bataillons des rechten Flügels links, und die des linken Flügels
schwenken rechts.

Die zwei vereinigten Colonnen marschiren so weit rükwärts, als es gut befunden
wird, die linkerhand nimmt vier Schritte Abstand.

Der Commandant en Chef wird zwei
Jalonneurs vorwärts der Colonne rechterhand
haben stellen lassen.

In dem Augenblik, wo man sie halten
läßt, wird diese, wo den rechten Flügel vor
hat sich links in Bataille stellen, und diese,
wo den linken Flügel vor hat, wird sich Front

rükwärts in Bataille stellen, ihr vorderstes Peloton stellet sich hinter die zwei Jalonneurs und richtet sich hinter sie.

Diese Colonne hat eine etwas forcirte Bewegung zu machen, den Anstand, daß sie perpendiculair gegen die neue Richtung stehen wird, so wird sie sich paralell mit ihr befinden.

In dem Augenblik, daß dieses Bataillon zu dieser Bewegung antritt, werden die Bataillons des rechten Flügels, welche paralell und in einer Höhe mit den beiden vereinigten Colonnen marschirt sind, durch den kürzesten Weeg nach der Bataillen = Linie hin marschiren, und sich auf selbiger Front rükwärts in Bataille formiren, indeme die Bataillons des linken Flügels, welche sich noch nicht in der neuen Direction befinden sich durch vorwärts in Bataille oder rechter Hand in Bataille auf dieselben stellen werden.

Diese Bewegungen verrichten sich, um Front links zu machen, durch die entgegengesezten Mittel.

Anmerkungen.

Diese Bewegungen werden durch kein Commando angezeiget, der Commandant en Chef läßt die Pelotons und das Bataillon avertiren, auf welches die Formation geschehen soll, was sie vor eine Bewegung machen sollen, und läßt zugleich die andere Bataillons avertiren, auf welche Art sie sich in Colonne sezen sollen,

damit auf sein Commando: Marsch! alle
Bataillons sich zugleich in Marsch sezzen, um
sich in Bataille zu formiren.

Diese Bewegungen nach einem Flügel der
Linie können auch, wenn es die Umstände er-
lauben und daß nur zwei oder höchstens drei
Bataillons sind nach den Grundsäzzen der Front
Veränderungen gemacht werden, doch ist die
Methode, daß die Bataillons in Colonne be-
halten werden, bis sie gegen die Bataillen-Linie
kommen, die sicherste.

Articul XIII.

Von denen Positions- oder Directions-Veränderungen der Linie durch den Marsch in Bataille.

Diese Bewegungen verrichten sich durch
Echellons.

Man kann die Echellons auf zweierlei Art
formiren, Grad, indeme man die Bataillons
nach und nach vormarschiren läßt;

Schräg oder oblique, indeme man die
Linie brechen läßt, durch Directions-Veränderungen mit Bataillons.

§. 1.

Grade Echellons.

Vor die grade Echellons zu formiren, wird
der Commandant en Chef bestimmen, ob es

von dem rechten oder linken Flügel aus geschehen soll, und von wie viel Bataillons iedes Echellon bestehen soll. Man supponirt hier, daß die Echellons von dem rechten Flugel aus sollen formirt werden, und daß iedes Echellon nur von einem Bataillon bestehe, der Commandant en Chef stellet Directions = Punkte hinter das rechte Flügel=Bataillon. Der Commandant en Chef läßt ieden Bataillons = Chef preveniren, wie viel Schritte er vor den Abstand der Echellons vestgesezzet hat.

Er befiehlt alsdann dem Commandant des rechten Flügel=Bataillons sich in Marsch zu sezzen.

Der Adiutant des zweiten Bataillons, welcher vor dem Fahnen stehet, tritt zugleich mit dem ersten Bataillon an, und marschirt in der Höhe und Richtung der Fahne des ersten Bataillons, und so grad vor, daß er immer den nehmlichen Abstand von der Fahne des ersten Bataillons haltet, damit er dem Fahnen seines Bataillons als Directions = Punkt dienen könne.

Der Chef des zweiten Bataillons zählt die Schritte des ersten, daß er sich auf die vorgeschriebene Anzahl Schritte in Marsch sezzen kann.

Alle Bataillons sezzen sich auf diese Art nach und nach in Marsch und dirigiren sich auf ihre Adiutanten.

Wenn der Commandant en Chef die Echellons wieder auf eine Linie bringen will, so läßt er das erste Echellon halten und durch den Bataillons = Chef richten. Die andere Echellons kommen nach und nach in die Linie und nehmen die Richtung des ersten Bataillons.

Zu diesem Ende rukken die Flügel = Jalonneurs und der Fahne des ersten Bataillons nicht ein, auf das Commando Richtung eingerukt! Auf diese wird der Chef des zweiten Bataillons, welcher sich etwas vor auf die Richtung des ersten Bataillons wird begeben haben, und das in der Höhe des linken Flügels seines Bataillons. Er läßt sein Bataillon halten auf zwei Schritte rükwärts der Richtungs = Linie, läßt seine Fahne und Richtung vortreten, solche machen Front gegen ihn, und er richtet sie auf diese des ersten Bataillons, und läßt alsdann sein Bataillon richten.

Jeder Bataillons = Chef commandirt nicht eher: Fahnen und Führer eingerukt! als bis die Richtung des zweiten Bataillons, wo nach ihm auf die Richtung kommt, bestimmt ist, damit immer zwei Fahnen auf der Richtungs = Linie stehen.

Dieses wird immer beobachtet werden, wenn verschiedene Bataillons sich nach und nach auf eine Linie stellen sollen.

Anmerkungen.

Diese Echellons können auch en Retraite formirt werden, auf die nemliche Grundsätze,

ausgenommen, daß die Jalonneurs vorwärts
des ersten Echellons gestellet werden.

Die Adiutanten versehen vor dem dritten
Glied, was sie in den Echellons vorwärts vor
dem ersten Glied versehen haben.

Jedes 2te 3te 4te Bataillon soll, wenn
es auf die Linie kommt, dieselbige überschrei-
ten, sein Chef, wo auf dessen äußern Flanque
hält, läßt es halten, wenn es in der Höhe der
Serrefille's ist, rechts um kehren und richten
nach der Art, wo nach dem Marsch en Retraite vorgeschrieben ist.

Die graden Echellons vor und rükwärts
verrichten sich von dem linken Flügel aus auf
die entgegen gesezte Art.

§. 2.

Schräge oder oblique Echellons, um die Linie rechts oder links vorwärts eines dieser Flügel zu bringen.

Der Commandant en Chef läßt diese Bewegung durch Directions = Veränderungen derer Bataillons machen.

Wenn es vom rechten Flügel aus ist; so
commandirt er:

1.

Mit Bataillons rechts Direction verändert, so viel Schritte!

Nota. Die Anzahl Schritte wird proportionirt seyn nach der Direction wo der Commandant en Chef seinen Echellons geben will, nachdem er mehr oder weniger Terrein nach dem Flügel oder vorwärts des Flügels gewinnen will, nach welchem er sich dirigirt.

2.

Marsch!

Die Directions-Veränderung wird zugleich in allen Bataillons verrichtet.

Wenn der schwenkende Flügel die vorgeschriebene Anzahl Schritte gethan hat, so commandirt der Bataillons-Chef, indeme er sie gezählet hat:

1.

Bataillon — vorwärts!

2.

Marsch!

Der Chef der in Echellons formirten Linie, indeme er seine Linie vorwärts bewegen will, placirt Jalons hinter das vorderste Bataillon und commandirt;

Erstes Bataillons zur Richtung!

Auf dieses Commando begeben sich die Adjutanten des 2ten, 3ten und 4ten Bataillons vorwärts ihrer Fahne und in die Richtung der Fahne des vorhergehenden Bataillons.

Wenn in dieser Ordnung ist marschirt worden, und daß der Commandant en Chef die Linie herstellen will, commandirt er:

1.

Links Direction verändert!

2.

Marsch!

Alle Bataillons verrichten zugleich ihre Directions-Veränderung.

Die Bataillons-Chef der Bataillons, wo keine rothe Flammen haben, geben auf die Direction dieser Flammen Achtung, sobald als sie ihre Fahne in dieser Richtung sehen, commandiren sie auf der Stelle, bis daß der Commandant en Chef commandirt:

1.

Das Bataillon N. N. zur Richtung.

2.

Bataillon — vorwärts!

3.

Marsch!

oder

1.

Bataillons!

2.

Halt!

In dem ersten Fall wird, ehe er vorwärts commandirt, Jalonneurs hinter das Richtungs-Bataillon stellen lassen.

In dem andern Fall läßt er die Linie durch die vorgeschriebene Mittel richten.

Anmerkungen über die Bewegung die Echellons wieder in eine zusammenhängende Linie zu sezzen, in einer Linie, welche nach der rechten mit Echellons abgeschwenkt, marschirt ist.

Während dieser Directions = Veränderung, welche in allen Bataillons zugleich geschiehet, hält sich der Commandant en Chef auf der auſ= sern Flanque der Directions = Fahne, und be= merkt von da die Stellung der zwei Directions= Bataillons, daß er in dem rechten Augenblik entweder v o r w ä r t s! M a r ſ ch! commandi= re, oder H a l t! wie auch daß er durch sein Avertiſſement diesen Fahnen die Richtung gebe, welche er sich vorgenommen hat.

Diese Bewegungen geschehen auch rük= wärts, wie auch links, beides durch die entge= gengeſezten Mittel.

Diese Bewegungen Echellons zu formiren, und solche wieder in Linie zu ſezzen, kann auch stehendes Fußes durch Front = Veränderungen der Bataillons verrichtet werden.

§. 3.

Oblique Echellons im Marſchiren, um der Linie die Direction verändern zu machen.

Wenn der Commandant en Chef seiner Linie die Direction im Marſchiren will verän= dern lassen und zum Exempel den linken Flü= gel vorbringen will, so muß die Directions= Veränderung des rechten Flügel = Bataillons doppelt so groß seyn, als die der andern Ba= taillons.

Er wird den Chef dieses Bataillons hiervon avertiren und sein General = Commando wird nur die Anzahl Schritte andeuten, wo die andere Bataillons zu machen haben.

Die Directions = Veränderungen werden in allen Bataillons zugleich gemacht; der Commandant en Chef läßt den ersten Echellon halten, wenn seine Directions = Veränderung aus ist, und indem er die Directions = Linie bestimmt, durch den Fahnen und die Flügel-Jalonneurs so commandirt er:

Auf das erste Bataillon vorwärts in Linie!

Auf dieses Commando werden die Chefs des 2ten 3ten und 4ten Bataillons, welche nach der vorgeschriebenen Anzahl Schritte wieder grad ausmarschiren lassen, ihre Adjutanten vorwärts der Fahnen = Rotte schiken, in die Höhe und Richtung der Fahne des vorhergehenden Bataillons, vor der Fahne zum Directions-Punkt zu dienen.

Der Chef eines ieden Bataillons, der sich auf dessen äussern Flanque halten wird, und sich vor auf die Richtungs = Linie der vorhergehenden Bataillons begeben wird, commandirt in dem Augenblik, wo sein rechter Flügel in die Höhe der Serrefiles dieses Bataillons kommt:

Rechts Direction verändert, so viel Schritte!

Diese Anzahl Schritte wird die nemliche der ersten Directions = Veränderung seyn, und dadurch der Beweggrund des ersten Echellons gleich seyn.

Wenn die Anzahl Schritte gethan ist, läßt der Chef das Bataillon auf der Stelle rühren, bis der rechte Flügel durch den Schritt rükwärts in die Richtung des linken gekommen, läßt alsdann vorwärts marschiren und in der Höhe des dritten Gliedes halten, und richtet sein Bataillon auf die vorgeschriebene Art.

Will der Commandant en Chef die Linie wieder vorwärts marschiren lassen, so läßt er die Directions = Punkte rükwärts des Richtungs = Bataillons stellen, so wie die Bataillons mit den rothen Flammen werden in der Richtung seyn, und wenn das lezte Bataillon eben auf die Richtung kommt, läßt er die Linie vorwärts marschiren.

Anmerkungen über die Directions = Veränderungen einer Linie durch die obliquen Echellons.

Diese nemliche Bewegung kann auch rükwärts gemacht werden durch die nemliche Mittel, mit diesem Unterschied:

Wenn die Directions - Veränderung durch alle Bataillons zugleich mit dem dritten Glied vorne ist gemacht worden, so läßt der Commandant en Chef das erste Echellon halten, rechts um kehrt machen, und unter der Zeit, da er hat die Richtung vortreten lassen, um dieses Bataillon zu richten, commandirt er:

1.

Auf das erste Bataillon Front rükwärts in Linie!

Die Chefs des 2ten 3ten und 4ten Bataillons schikken ihre Adiutanten vor, und begeben sich auf die Richtungs - Linie, und so wie ihr linker Flügel in die Höhe des Flügels des Bataillons, wo vor ihnen auf die Richtungs-Linie gekommen ist, ankommt, commandiren sie: Links Direction verändert, so viel Schritte! und auf der Stelle! und wenn beide Flügel in der Richtung sind, vorwärts Marsch! und marschiren bis in die Höhe der Serrefiles, lassen rechts um kehren, und, wie vorgeschrieben ist, richten.

Diese Bewegungen so wol vor als rükwärts können von dem linken Flügel aus gemacht werden, durch die entgegengesezten Mittel.

Anmerkung über die Echellons überhaupt.

Hier ist die Art, die Echellons zu formiren, ohne einen vorausgesezten Endzwek zu supponiren, angewiesen worden.

Wenn ein commandirender Chef Gebrauch von der Attaque en Echellons machen will, so wird er seine Disposition darnach treffen; und den ersten Echellon von mehrern Bataillons machen, auch wol durch eine zweite Linie unterstützzen lassen, wie auch wenn es der Fall ist, seine Flanque dekken.

Die Echellons können mit vielem Nuzzen durch einen geschikten Chef gebraucht werden, können aber auch sehr nachtheilig werden, wenn sie nicht a propos und mit denen Precautionen, die die Umstände erfordern, gebraucht werden.

Articul XIV.

Von denen Quarres!

Das Quarre ist die Stellung, welche ein Troupp Infanterie zu ihrer Sicherheit gewöhnlich nimmt, wenn solche ohne andere Unterstüzzung in einer Plaine von Cavallerie, in Gefahr stehet, angefallen zu werden.

§. I.

Quarre von einem Bataillon.

Ein Bataillon so mit Pelotons rechts abmarschirt stehet, formirt das Quarre auf folgende Art. Der Chef commandirt:

I.

Formirt das Quarre!

2

Die 4 lezten Pelotons links — um!

3.

Marsch!

4.

Halt!

5.

Front!

6.

Rechts — richt euch!

Auf das zweite Commando stellen sich die Pelotons = Chefs neben ihren linken Führer, machen links um, wie ihre Pelotons.

Auf das dritte Commando, welches sie repetiren, bleiben sie stehen, treten ihre Pelotons an, die Führer marschiren grad vorwärts: so wie der rechte Führer neben den Pelotons Chef kommt, commandiren diese: Halt! Front! rechts richt euch! und treten vor die Mitte ihrer Züge.

—— Der Bataillons = Chef commandirt gleich hierauf:

1. Vier=

1.

Vier lezten Pelotons vorwärts!

2.

Marsch!

Auf dieses erste Commando treten die linken Führer der Pelotons 1. 2. 3. und 4. auf Serresile zurük. Auf das zweite Commando marschiren die Pelotons 5. 6. 7. 8. vorwärts, ihre rechten Führer marschiren dicht an der linken Flanque der 4 ersten Pelotons herauf. So wie das 5te Peloton in die Höhe des dritten Glieds des ersten kommt, das 6te in die nemliche Höhe des 2ten, das 7te in diese des 3ten und das 8te in diese des 4ten; so commandiren die Pelotons-Chefs: Halt! Rechts — richt euch! und richten sie auf diese Pelotons rechter Hand.

Während dieser Zeit macht das erste Grenadier-Peloton rechts um kehrt, das zweite Grenadier-Peloton macht links um auf das Commando ihres Chefs; beide Grenadier-Pelotons herstellen sich, daß sie auf Pelotons-Distanz vor dem 1ten und 5ten Peloton zu stehen kömmen.

Wenn die feindliche Cavallerie noch entfernt ist, so kann das Bataillon in dieser Ordnung vorwärts marschiren, sobald dieselbe aber sich nähert, so läßt der Chef, ehe daß er kann

B b

von dieser Cavallerie angefallen werden, das Quarre formiren durch folgende Commando's:

1.

Links und rechts in Bataille!

2.

Marsch!

Auf das zweite Commando schwenken das 6te und 7te Peloton links, das 2te und 3te rechts in Bataille, das 4te und 8te marschiren vor und schliessen auf das 3te und 7te Peloton auf, das 4te und 8te machen iedes Peloton vor sich den Contremarsch, oder wenn die Zeit hierzu nicht mehr seyn sollte, so machen sie rechts um kehrt. Die Pelotons = Chefs stellen sich auf ihre Bataillen = Plätze, der Bataillons = Chef läßt die Richtung einrukken.

Der Chef kann die Grenadier = Compagnie Sectionsweisse entweder en Quarre vor die vier Ekken des Quarre sezzen lassen, oder welches noch besser ist, eine Section vor die Mitte ieder Face sezzen, wo sie alsdann, indeme sie rechts und links um machen, ein kreuzendes Feuer nach den Ekken zu machen können.

Um dieses kreuzende Feuer recht würksam zu machen, so werden die ersten Sections des 5ten des 2ten und des 7ten Pelotons und die 2te Section des 4ten Pelotons drei Schritte vortreten, die Grenadier = Sections

ſtellen ſich vor dieſe vorgetretene Sections, indeme ſie mit rechts und links um im geſchwinden Schritt lángs den Facen des Quarres
vor dieſe Sections ſich ſezzen. Dieſe zwei Sections, welche 6 Mann hoch ſtehen, werden in
der Mitte abgetheilt und machen Front nach
den Ekken zu, die Sections = Chefs laſſen die
6 vorderſten Mann feuern, und wie ſie gefeuert haben in die Richtung der Facen des Quarre's zurüktreten, und ſo fort, bis alle Rotten
nach und nach feuern laſſen, wenn die lezten
Rotten abgefeuert haben, ſo rukken die Sections wieder vor, um das Feuer zu continuiren;
man ſiehet, daß auf dieſe Art die Ekken ſehr
gut beſtrichen ſind. Das beſte Feuer der Facen
dieſes Quarre's wird ein Sections = Feuer ſeyn,
wo die zwei Sections iedes Pelotons ſich das
Feuer wechſelsweiſe abnehmen, oder das Glieder = Feuer.

Das Peloton, wie die eine Section vorge-
rukt iſt, wird die andere Section in zwei vor
das Sections = Feuer getheilet werden.

§. 2.

Ein lánglich Quarre von zwei Bataillons zu machen.

Dieſes wird auf die nemliche Art verrichtet, das zweite Bataillon ſezt ſich neben das
erſte auf gleiche Art, vor iede Face kommt hier
ein Grenadier = Peloton, welche alsdann mit

den hinter ihnen stehenden zwei Sections mit
zwei Rotten zugleich, also auf zwei Glieder
feuern können. Da die vorderste und hinterste
Face wenig Feuer haben, so können die Grenadiers vor diesen Facen, auch wenn der Feind
diese Facen attaquirte, vorwärts Feuern, unter der Zeit die hinter ihnen stehenden Sections nach der Flanque feuern; hier können die
Facen anstatt mit Sections zu feuern, auch
das Pelotons = Feuer auf denen beiden Seiten-
Facen machen.

Wenn das Quarré marschiren soll, so
wird commandirt:

1.

Beide Facen vorwärts!

2.

Rechts und links — um!

3.

Marsch!

Hier muß sehr exact in der Flanque marschirt werden, damit keine Distanz verlohren
gehet; hier sind die Grenadier wieder sehr nüz-
lich, um die Flanque zu deken.

Auf das zweite Commando macht die
Queue des Quarré's, auf das Commando ihres Chefs, rechts um kehrt.

Wenn das Quarre halten soll, wird commandirt:

1.

Bataillon!

2.

Halt — Front!

Wenn die feindliche Cavallerie abgeschlagen ist, und das Quarre soll gebrochen werden, um in Colonne fort zu marschiren, so wird commandirt:

1.

Bataillons in Colonne!

2.

Links und rechts um!

3.

Marsch!

Die tête bleibt stehen, die Queue macht auf das zweite Commando den Contremarsch mit Pelotons, die rechte Flanque macht links und die linke rechts um, die Pelotons-Chefs

stellen sich neben die Führer, welche vor iedes
Peloton stellen, sie lassen die vordersten Rotten
links und rechts über rukken.

Auf das Commando: Ma r sch! treten
die Pelotons an und marschiren durch ihre Chefs
geführt gegeneinander; wie sie gegeneinander
kommen, commandiren ihre Chefs: Halt!
Front! links richt euch!

Auf das zweite Commando marschiren die
Grenadiers mit rechts oder links um, im geschwinden Schritt auf ihre Plätze in der Colonne.

Wie die Pelotons-Chefs, links richt
euch, commandirt haben, commandirt der Chef:

1.

Erstes Bataillon oder der rechte Flügel!

2.

Vorwärts!

3.

Marsch!

Zugleich wird an das 2te Bataillon oder
linken Flügel commandirt:

1.

Zweites Bataillon oder linker Flügel!

2.

Rechts — um!

So wie das lezte Peloton des ersten Bataillons oder rechten Flügels in die Höhe des 1ten Pelotons des 2ten Bataillons kommt, so commandirt dessen Chef an selbiges:

Marsch!

und wie die linken Führer gegen die Richtung dieser Führer des ersten Bataillons kommen, so commandirt er:

1.

Halt!

2.

Front!

3.

Marsch!

4.

Richtung — links!

und so sezzet die Colonne ihren Marsch fort. Es ist zu observiren, daß wenn die Colonne von zwei Batillons ist, daß der Chef das dritte Commando nicht eher thut, bis daß er seine Bataillons = Intervalle hat.

Anmerkung zum Marsch in Bataille.

Wenn sich im Marsch in Bataille Obstacles vorfinden, welche ein halbes Bataillon oder mehr bedekken, so geschehen die dazu vorgeschriebene Commando's durch den Bataillons-Chef und wird an die Pelotons, wo in Front bleiben, angehenkt, welchem der Adiutant vormarschirt und den Schritt gibt.

Wenn das Obstacle ganze Bataillons bedekt, so henken die Bataillons an das Bataillon an, wo ihnen zunächst nach dem Richtungs-Bataillon zu ist.

In dem Marsch in Bataille kann man zu Zeiten einige Bataillons mit gefälltem Baionet marschiren lassen; solches aber nie über 30 oder höchstens 40 Schritte, indem es in der Würklichkeit niemalen länger wird nothwendig seyn.

Wenn einzelne Bataillons oder zwei Bataillons im Marsch in Bataille exercirt werden, so kann in denen verschiedenen Schritten geübt werden; in einer Linie aber von mehrern Bataillons wird das Richtungs = Bataillon immer im ordinairen Schritt marschiren. Im Fall bei

sehr üblem Terrein die andere Bataillons zurück
bleiben, so kann es der Commandant en Chef
den kleinen Schritt marschiren laſſen, doch nur
so lang, als es nöthig iſt, den Zuſammenhang
der Linie zu bewürken, die andere Bataillons
marſchiren immer auch den ordinairen Schritt,
es ſeie dann, daß ein Bataillon das Verhältniß, das es in der Linie haben ſoll, verlohren
hätte, alsdann nimmt dieſes Bataillon oder
Bataillons den Schritt, wo erfordert wird,
um wieder in das richtige Verhältniß mit der
Linie zu kommen, hiezu gehört aber eine ſehr
richtige Beurtheilung des Bataillons-Chefs, indeme dieſes ſelten der Fall ſeyn ſoll, wenn der
Bataillons-Chef ſeine perpendiculaire Marſch-
Linie im Anfang wol genommen hat, und
wann dieſes nicht wäre, ſo kann er, wenn er
ſeinen Fehler gleich einſiehet, durch eine un-
merkliche Bewegung des Fahnen-Pelotons,
dieſem Fehler abhelfen, ehe er Einfluß auf andere Bataillons bekommt; überhaupt werden
die Bataillons-Chefs ſich allezeit auf die Direction der Richtung der Directions-Bataillons halten und dieſe wol obſerviren, ohne ſich
nach denen andern Bataillons zu richten, nur
allein daß ſie ihre Diſtanz nach dem Richtungs-
Bataillon hin wol halten.

Wenn ein Bataillon in der Linie den
Schritt vernachläßiget; ſo commandirt ſein Chef:
T'Achtung! Tritt! damit der Schritt
mit der gehörigen Lebhaftigkeit wieder genommen werde.

Articul XV.

Vom Defiliren in Parade.

§. 1.

Von der Art abzuschwenken und zu defiliren.

Das Regiment, oder wenn mehrere sind, wird mit Pelotons, wie gewöhnlich, rechts abschwenken, alsdann die Divisions stehendes Fußes, so wie es bei dem Compagnie = Unterricht vorgeschrieben ist, formirt werden.

Es kann auch gleich mit Divisons abgeschwenkt werden.

Wenn in der nemlichen Direction, in der die Colonne stehet, soll defilirt werden, so commandirt der Commandant en Chef, nachdem er die Colonne in Marsch gesezt hat:

Das Regiment oder die Bataillons sollen in Parade defiliren!

Dieses Commando wird von allen Bataillons = Chefs repetirt; welche hierauf commandiren:

Köpfe — rechts!

Wenn die Colonne, um zu defiliren, in eine andere Direction übergehen muß, so werden diese Commando's erst gethan, wenn die téte der Colonne schon in der Direction marschirt, in welcher defilirt werden soll.

Nach diesen Commando's commandirt der Chef der vordersten Division:

1.

Oefnet — euch!

2.

Marsch!

Dieses zweite Commando muß er thun, wenn der rechte Fuß auf die Erde gesezt wird.

Auf dieses Commando marquirt das zweite und dritte Glied den Schritt auf der Stelle.

Auf den dritten Schritt des ersten Gliedes, tritt das zweite Glied an, und wieder auf den dritten Schritt des zweiten Gliedes, tritt das dritte Glied an.

Dieses befolgen alle Divisions auf dem nemlichen Flek, wo die erste Division geöfnet hat.

Da in Colonne soviel möglich das Gewehr im Arm soll getragen werden, so läßt der vorderste Divisions = Chef, so wie er auf 30. Schritte gegen die Person kommt, vor welcher defilirt wird, das Gewehr schultern; dieses obferviren alle folgende Divifions = Chefs.

Wenn vor der Perfon vorbei marfchirt wird, fo werden die Herrn Officiers die linke Schulter ein wenig vorbringen, um ihren Körper gegen felbige zu wenden.

Wenn vor hohen Herrfchaften falutirt wird, fo gefchiehet diefes ebenfalls, indeme die Herrn Officiers fich gegen Höchstdiefelbe wenden.

In diefem Fall muß die Spizze des Degens gefenkt bleiben, bis daß die Officiers die höchste Perfon, vor der falutirt wird, depaffirt haben.

Auf das Commando: Regiment foll in Parade defiliren! begeben fich die Zimmerleute und fämmtliche Tambours und Hoboisten an die tête der Colonne ihres Regiments und marfchiren in der nachher vorgefchriebenen Ordnung, die Herrn Officiers treten ebenfalls vor ihre Divifions.

So wie die Tambours und Mufik gegen die Perfon kommen, vor welcher defilirt wird, fo ziehen fie fich links und stellen fich grad der Perfon gegen über, vor welcher defilirt wird, und bleiben hier stehen, bis das Regiment vorbei ist, und hernach diefem folgen fie, und nehmen ihre Plätze in der Colonne wieder.

Wenn mehrere Regimenter defiliren, fo fchlagen nur die Tambours des vorderften Regiments Marfch.

Die des folgenden Regiments nehmen den Plaz ein derer des Regiments, wo defilirt hat, und schlagen ein, wie die des vorhergehenden aufhören.

Wenn die Person, vor welcher defilirt wird, linkerhand der Colonne stehet, so bleiben die Köpfe links, und die Herrn Officiers wenden sich links.

§. 2.

Ordnung, in welcher defilirt wird.

Der Adiutant des ersten Bataillons.

Vier Schritte hinter ihm die Zimmerleute.

Sechs Schritte hinter diesen der Regiments = Tambour.

Vier Schritte hinter ihm die Musicanten, und hinter diesen die Tambours des Regiments.

Sechs Schritte hinter den Tambours der Obrist zu Pferd linker Hand neben ihm der Staabs = Officier, so das erste Bataillon commandirt.

Sechs Schritte hinter ihm die Grenadier-Officiers, in der nemlichen Ordnung, wie sie in Parade vor der Compagnie stehen, und halten sich auf den Hauptmann gerichtet und salutiren mit ihm.

398

In der Division, wo der Fahne stehet, marschirt der Fähndrich zwischen dem Hauptmann und ersten Lieutenant.

Vor dem zweiten Bataillon defilirt der Staabs-Officier zu Pferdt, welcher solches commandirt.

Der Adiutant des zweiten Bataillons defilirt sechs Schritte hinter der zweiten Grenadier-Compagnie.

Wenn Generals die Truppen commandiren, so defiliren sie in einem Glied vor dem ersten Bataillon ihrer untergebenen Division, und sechs Schritte vor denen Staabs-Officiers.

Wenn das Regiment defilirt hat, so wird mit Pelotons abgebrochen, und das Regiment marschirt im Marschschritt nach seinem Quartier und stellet sich vor selbigem in Bataille.

Die Fahnen werden in der nemlichen Ordnung wieder zurükgebracht, wie solche sind abgeholt worden.

Anmerkung.

Gegenwärtige Instruction gibt die Mittel an die Hand, sowol in Bataille, als in Colonne alle mögliche Stellungen zu nehmen, welche sowol die Stellung des Feindes als auch das Terrein erfordern, nur ist zu observiren, daß, wenn ein Bataillon oder ein Corps Truppen bestimmt ist, eine Anhöhe zu couroniren, alsdann keine grade Richtung kann genommen werden, sondern der commandirende Chef muß seine Troupp so stellen, daß er von denen Vortheilen des Terreins profitirt, um durch sein Feuer die Abdachungen wol bestreichen zu können, und auch, wo es das Terrein darbietet, kreuzende Feuer zu bekommen.

www.ingramcontent.com/pod-product-compliance
Lightning Source LLC
Chambersburg PA
CBHW032339280326
41935CB00008B/388